ECONOMY**PICKING**
FÜRGITARRE

128 musikalische Übungen für das perfekte Economy-Picking – Aufbau von Geschwindigkeit, Genauigkeit und Technik

CHRIS**BROOKS**

FUNDAMENTAL**CHANGES**

Economy Picking für Gitarre

128 musikalische Übungen für das perfekte Economy-Picking – Aufbau von Geschwindigkeit, Genauigkeit und Technik

ISBN: 978-1-78933-377-0

Über 350 kostenlose Gitarrenlektionen mit Videos findest du unter

www.fundamental-changes.com

Werde Mitglied unserer aktiven Facebook-Gemeinschaft:

www.facebook.com/groups/fundamentalguitar

Markiere uns zum Teilen auf Instagram: **FundamentalChanges**

Facebook: **ChrisBrooksGuitar**

Instagram: **FundamentalChanges**

Instagram: **chrisbrooksguitarist**

Titelbild Copyright: © Dreamstime.com - Charnchai Saeheng

Inhaltsübersicht

Einführung

Willkommen bei der *Economy Picking für Gitarre* - einem Picking-System, das die meisten Noten aus jedem Anschlag herausholt und von der effizienten Nutzung von gerichteter Energie lebt.

Das Economy Picking basiert auf der Einsicht, dass der kürzeste Abstand zwischen zwei Punkten eine gerade Linie ist. Beim Economy Picking wird der Schwung des Anschlags bei Saitenwechseln fortgesetzt, anstatt die ständigen Richtungswechsel des Alternate Picking zu verwenden.

Ganz gleich, ob du das Economy Picking nur in bestimmten Situationen einsetzen oder einen ganzen Stil darauf aufbauen willst, dieses Buch wird dir helfen, seine Vorteile zu nutzen. Im Verlauf dieses Buches werden wir diese wirkungsvolle Technik meistern lernen und ihre Herausforderungen und Lösungen in der gleichen Schritt-für-Schritt-Manier besprechen, die ich verwenden würde, wenn ich dein persönlicher Gitarrencoach wäre.

Genau wie in meinem Buch *Alternate Picking für Gitarre* wird jedes Kapitel als eine Station auf dem Weg zum perfekten Picking behandelt, daher empfehle ich, diese Methode von Anfang bis Ende durchzuarbeiten, um die besten Ergebnisse zu erzielen.

Der Weg zur Meisterschaft im Economy Picking beginnt mit dem „*Was*" und „*Warum*" des Economy Picking und dieses Verständnis wird dir schnell dabei helfen, die korrekte Mechanik beim Spiels mit auf- und absteigenden Saitenwechseln zu entwickeln. Sobald sich deine Technik gefestigt hat, wirst du mit den kreativeren Anwendungen des Economy Picking fortfahren: Du lernst, die Richtung zu ändern, entdeckst, wie du Tonleitern und Arpeggios mischen kannst, und kreierst deinen eigenen Stil mit mehr musikalischen und mechanischen Optionen.

Es ist wichtig, die praktische Anwendung jeder Technik zu verstehen. Deshalb werde ich dir auch die stilistischen Merkmale legendärer Spieler vorstellen, die das Economy Picking für Blues, Fusion, Shred und unzählige andere Gitarrenstile eingesetzt haben.

Wenn du erst einmal weißt, wie Economy Picking funktioniert und wie es am besten gedeiht, empfehle ich dir, dich mit den Möglichkeiten des Systems vertraut zu machen und dann zu überlegen, welche Art von Picking nicht nur für deine aktuellen, sondern auch für deine zukünftigen Licks am besten geeignet ist.

Ein Ratschlag, den du bei der Lektüre dieses Buches beherzigen solltest, lautet: *Meistere die Fertigkeit, nicht das Lick*. Damit meine ich, dass hinter jeder Gruppe von Beispielen ein Konzept steht und es wichtig ist, sich nicht von einem einzigen Lick aufhalten oder entmutigen zu lassen. Wenn du bei einer Idee nicht weiterkommst, gehe sie aus verschiedenen Blickwinkeln an; probiere die Beispiele von beiden Seiten des problematischen Licks aus und versuche es dann erneut. So wie alle Wege nach Rom führen, führen alle Beispiele zu besserem Economy Picking.

Über eine großartige Technik zu verfügen bedeutet, Optionen zu haben und Entscheidungen zu treffen, die deinen musikalischen Zielen dienen. Ich bin davon überzeugt, dass Economy Picking eine wirkungsvolle Waffe in deinem Arsenal sein kann, mit ihren eigenen Möglichkeiten und Vorteilen.

Ich wünsche dir viel Spaß mit diesem Buch, aber vor allem mit der Musik, die du spielen wirst, wenn wir fertig sind!

Chris Brooks

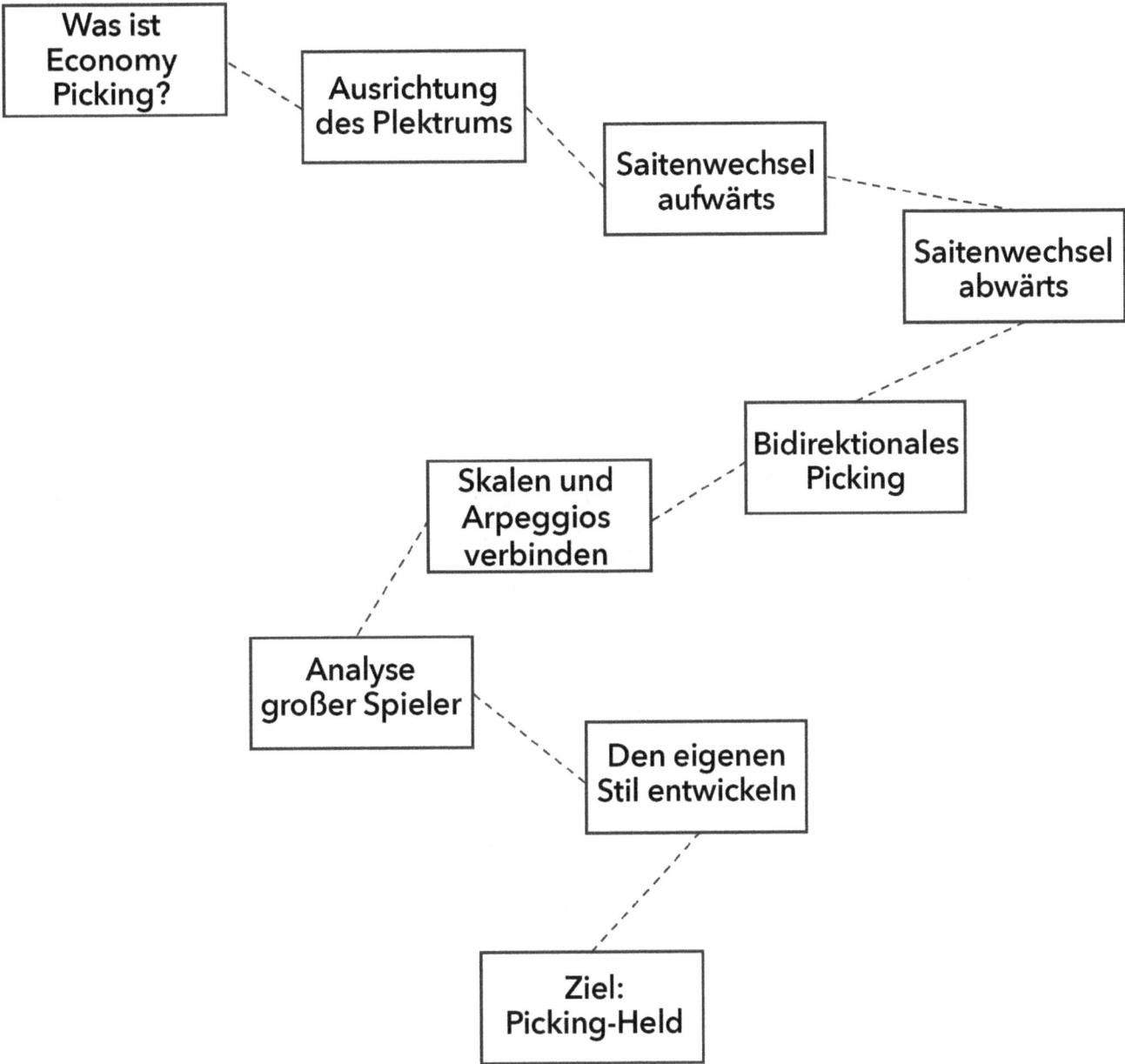

DU BIST HIER

Was ist Economy Picking?

Ausrichtung des Plektrums

Saitenwechsel aufwärts

Saitenwechsel abwärts

Bidirektionales Picking

Skalen und Arpeggios verbinden

Analyse großer Spieler

Den eigenen Stil entwickeln

Ziel: Picking-Held

Hol dir das Audio- und Video-Begleitmaterial

Die Audiodateien zu diesem Buch kannst du kostenlos von **www.fundamental-changes.com** herunterladen. Der Link befindet sich in der oberen rechten Ecke. Wähle einfach diesen Buchtitel aus dem Dropdown-Menü aus und folge den Anweisungen, um die Audiodateien zu erhalten.

Wir empfehlen dir, die Dateien direkt auf deinen Computer (nicht auf dein Tablet) herunterzuladen und sie dort zu extrahieren, bevor du sie zu deiner Medienbibliothek hinzufügst. Du kannst sie dann auf dein Tablet oder deinen iPod laden oder auf CD brennen. Auf der Download-Seite findest du ein Hilfe-PDF, und wir bieten auch technische Unterstützung über das Kontaktformular.

Bonusvideos

Die Bonusvideos zu diesem Buch findest du unter:

https://www.fundamental-changes.com/economy-picking-guitar-technique-bonus-video/

Über 350 kostenlose Lektionen mit Videos findest du hier:

www.fundamental-changes.com

Werde Mitglied unserer aktiven Facebook-Community:

www.facebook.com/groups/fundamentalguitar

Markiere uns zum Teilen auf Instagram: **FundamentalChanges**

Kapitel Eins: Das *Was* und *Warum* des Economy Picking

Die Wurzeln des Economy Picking reichen bis zur Gitarrenzupftechnik im 19. Jahrhundert zurück. Im 20. Jahrhundert entstand das einseitige Economy Picking innerhalb der Tradition des Gypsy Jazz bzw. des Jazz Manouche.

In jüngerer Zeit hat der Australier Frank Gambale das Economy Picking mit einem vollständigen, ausgeklügelten System in den Vordergrund gerückt, das er auf alle Tonleiter- und Arpeggiosituationen anwandte. Unter E-Gitarristen gilt Gambale als Urvater des Economy Picking.

Beginnen wir damit, was Economy Picking ist, wo wir es einsetzen können und wie du davon profitieren kannst.

Economy Picking unterscheidet sich vom Alternate Picking nur durch die Art und Weise, wie wir den Saitenwechsel durchführen.

Alternate Picking:

Wenn wir Alternate Picking spielen, bewegt sich das Plektrum kontinuierlich abwechselnd nach unten und dann nach oben, um jede Note in einer Phrase anzuschlagen. Auf einen abwärts gerichteten Plektrumschlag auf der G-Saite würde ein *aufwärts gerichteter Plektrumschlag* folgen, wenn wir danach auf die B-Saite wechseln. Das bedeutet, dass das Plektrum über die B-Saite abwärts wandern muss, *ohne sie anzuschlagen*, bevor es wieder auf die Saite zurückkehrt, die es beim Aufschlag anschlägt.

Economy Picking:

Beim Economy Picking verwenden wir immer noch Ab- und Aufschläge, wenn aufeinanderfolgende Noten auf derselben Saite gespielt werden, aber wir nehmen immer den kürzesten Weg, wenn wir die Saiten wechseln. Auf einen Abschlag auf der G-Saite würde ein weiterer *Abschlag folgen*, um die B-Saite zu spielen. Auf *diese Weise wird vermieden, dass die B-Saite überquert wird, bevor sie mit einem Aufschlag gespielt werden muss.* Es ist wie ein Mini-Sweep und die *ökonomischste* Art, Noten auf verschiedenen Saiten zu spielen.

Beim Economy Picking gilt:

- Jedes Mal, wenn du von einer tieferen (tiefergestimmten) Saite zu einer höheren Saite wechselst, verwendest du einen Abschlag.

- Jedes Mal, wenn du von einer höheren (höhergestimmten) Saite zu einer tieferen Saite wechselst, verwendest du einen Aufschlag.

Damit soll vermieden werden, dass das Plektrum eine Saite überquert, ohne sie zu berühren.

Beim Alternate Picking werden *gegenläufige Bewegungen* verwendet, wobei in einem Lick wie in Beispiel 1a jede Anschlagsrichtung der nächsten entgegengesetzt ist. Ein Plektrumschlag, der eine Saite verlässt, hat immer eine andere Richtung als der Schlag, mit dem die nächste Saite beginnt.

Beispiel 1a:

Wenn wir jedoch Patterns wie das unten stehende spielen, wechselt das Picking zwischen dem Ab- und dem Aufschlag, um jede Saite zu beginnen.

Im ersten Takt beginnt die B-Saite mit einem Abschlag und die hohe E-Saite mit einem Aufschlag. Vergleiche dies mit dem, was passiert, wenn die G-Saite in Takt zwei und die D-Saite in Takt drei hinzugefügt wird.

Jedes Mal, wenn du dem Skalenfragment weitere ungerade Zahlen auf anderen Saiten hinzufügst, ändert das Alternate Picking die in den vorangegangenen Takten verwendeten Anschläge.

Beispiel 1b:

Economy Picking ist eine großartige Alternative, wenn man eine ungerade Anzahl von Noten pro Saite spielt, weil man die Vorteile der *Bewegungsrichtung* nutzen kann - ein *Sweep* von einer Saite zur nächsten.

In Beispiel 1c wird unter Verwendung der gleichen Noten wie bei der vorherigen Übung jede Saite mit einem Plektrumschlag beendet, der in einer schwungvollen Bewegung zur nächsten Saite weitergeführt werden kann.

Jede Saite behält das gleiche Pickingmuster, unabhängig davon, wie viele zusätzliche Saiten hinzugefügt werden. Es gibt keine Richtungsänderung des Plektrums, wenn das Beispiel von zwei Saiten auf vier Saiten erweitert wird. Es gibt auch keine überflüssige Bewegung, da das Plektrum nicht über die Saite gehen muss, um sie mit einem Aufschlag zu spielen.

Beispiel 1c:

Während beim Alternate Picking das Plektrum oft angehoben werden muss, um von einer Saite zur nächsten zu gelangen, ist dies beim Economy Picking nicht erforderlich, da das Plektrum einfach zur nächsten Saite durchgedrückt werden kann, anstatt sie zu überspringen - genau wie beim klassischen Sweep Picking. Es ist so, als würde man einen Akkord anschlagen, indem man das Plektrum durch die Saiten schiebt, anstatt jede Note einzeln anzuschlagen.

Für Skalen und Phrasen, die du bereits spielst, kannst du entweder...

*   Alles mit Economy Picking spielen

*   An an bestimmten Stellen die Möglichkeiten des Economy Pickings erkunden

*   Linien und Phrasen so umgestalten, dass sie sich besser für Economy Picking eignen

Die wichtigsten Punkte dieses Kapitels:

*   Economy Picking ist identisch mit Alternate Picking, außer wenn es um den Saitenwechsel geht

*   Die Fortsetzung der Bewegungsrichtung des Plektrums ermöglicht einen effizienten, schnellen und reibungslosen Saitenwechsel

*   Licks und Phrasen können umgestaltet werden, um die Vorteile des Economy Picking voll auszunutzen.

Kapitel Zwei: Den Saitenwechsel entwickeln

Wie du bereits gelernt hast, kommt das Economy Picking vor allem dann zum Tragen, wenn es um einen effizienten Saitenwechsel geht. In diesem Kapitel wirst du lernen, eine perfekte Technik für den Saitenwechsel zu entwickeln, sowohl für das Economy Picking nach unten als auch nach oben.

Wir werden diese Übungen in „aufsteigend" und „absteigend" unterteilen, um uns auf die Entwicklung jeder Richtung separat zu konzentrieren.

Aber zunächst möchte ich, dass du daran arbeitest, eine Technik zu entwickeln, die eines der großen Geheimnisse des Economy Picking ist - den *Ruheschlag* (engl. *rest stroke*).

Der wichtige Ruheschlag

Ein Schlüsselelement des Sweep-Pickings durch Saitenwechsel ist die Anwendung von *Ruheschlägen*. Genau wie beim Anschlagen eines Akkords funktioniert das Sweep-Picking am besten, wenn das Plektrum eine Saite durchläuft und direkt auf der nächsten Saite zur Ruhe kommt.

Vergleiche das Anschlagen eines Akkords mit dem individuellen Anschlagen der sechs Saiten. Beim Strumming trifft jeder Plektrumschlag auf die nächste Saite und neue Töne erklingen, wenn das Plektrum die Saite *verlässt*.

Getrennte Ab- oder Aufsschläge nacheinander bedeuten mehr Arbeit für die Spielhand, was die Effizienz beeinträchtigt und auf Kosten der Geschwindigkeit geht.

Konzentrieren wir uns auf die Entwicklung dieses Ruheschlags, indem wir die folgenden Beispiele durcharbeiten. Achte sehr genau auf die Picking-Richtungen.

Im ersten Takt wird ein arpeggierter A-Moll-Dreiklang *ab, ab, ab* gespielt, was sich wie eine einzige Abwärtsbewegung anfühlen sollte. Das Plektrum kommt ruht auf jeder neuen Saite, wenn es die vorherige Saite verlässt.

Im zweiten Takt füge ich einige Tonleiternoten hinzu. Jede Saite beginnt nach wie vor mit einem Abschlag, und du kannst bei jedem Saitenwechsel Pausen einfügen.

Beispiel 2a:

Während die melodische Idee immer mehr zu einem richtigen Lick wird, behältst du bei jedem Saitenwechsel den Ruheschlag bei.

Beispiel 2b:

Als Nächstes solltest du beim Saitenwechsel aufwärts schlagen. Mache dir keine Sorgen, wenn sich das anfangs ungewohnt anfühlt. Wir werden uns in der zweiten Hälfte des Kapitels auf den Aufschlag konzentrieren.

Beispiel 2c:

Dieses Beispiel beginnt mit einem Abschlag, verwendet aber eine durchgehende Aufschlag-Economy-Picking-Bewegung über die Saitenwechsel.

Beispiel 2d:

Abwärtsgerichteter Saitenwechsel (aufsteigend)

Der Saitenwechsel beim Economy Picking ähnelt sehr der Bewegung beim Sweep Picking. Konzentrieren wir uns darauf, diese Bewegung zu perfektionieren, indem wir zweisaitige Dreiklänge verwenden, da sie sich hervorragend eignen, um mit dieser Technik zu beginnen.

Bei allen Beispielen in diesem Abschnitt wird das Plektrum nach unten ausgerichtet, was bedeutet, dass wir das Plektrum so ausrichten, dass es sich am besten für die Sweeping-Richtung eignet.

Abwärtsgerichtete Picking-Orientierung:

Beachte, dass ich die Saiten mit den Kanten des Plektrums berühre und nicht mit der flachen Seite. Dieser *Kantenversatz des Plektrums (Pick Edge Offset)* sorgt für eine sanftere Picking-Bewegung bei Einzelsaiten und Saitenwechseln. Sieh dir die Bewegung im Begleitvideo an.

Im folgenden C-Dur-Dreiklang folgt auf einen doppelten Abschlag, der durch beide Saiten gedrückt wird, ein Aufschlag auf der A-Saite. Beim Aufschlag sollte das Plektrum in einer Bewegung im Bereich über der tiefen E-Saite landen, um sich für die Wiederholung vorzubereiten. Auf diese Weise spielst du drei Töne mit zwei unterschiedlichen Schlagbewegungen. Abwärts, abwärts, dann wieder aufwärts.

In den Takten drei und vier wiederholst du den Dreiklang in gleichmäßigen 1/8-Noten. Achte darauf, das Timing unter Kontrolle zu halten und lasse dich nicht von den dreistimmigen melodischen Einheiten aus dem Konzept bringen, denn es ist leicht, versehentlich Triolen zu spielen.

Beispiel 2e:

Halbiere nun die Notenwerte. Dieses Beispiel wird mit der doppelten Geschwindigkeit gespielt.

Beispiel 2f:

In diesem Beispiel wird die Dreiklangsform über jedes Saitenpaar durch einen Zyklus von Quart-Intervallen bewegt.

Nach fünf Dur-Dreiklängen in Takt eins wird der Zyklus in Takt zwei fortgesetzt, indem man zur tiefen E-Saite zurückspringt, einen Bund höher als zuvor. Die Übung kann ausgedehnt werden, indem man sie für jeden Takt einen Halbton über dem vorherigen Zyklus beginnt.

Beispiel 2g:

13

Fügen wir der Dreiklangsform Nicht-Akkordtöne hinzu und beginnen wir mit anderen gängigen melodischen Formen.

Hier ist eine einfache Übung, um die 4. Stufe zu einem C-Dur-Dreiklang hinzuzufügen.

Beispiel 2h:

Die Bewegung der vorangegangenen Figur durch verschiedene Tonarten in reinen Quarten erzeugt ein verschobenes Gefühl, da die Fünf-Ton-Einheit in Unterteilungen von 1/16tel-Noten gespielt wird. Die Akkordsymbole zeigen an, wann jeder neue Durchlauf des Musters beginnt.

Beispiel 2i:

Bringen wir nun dein Economy Picking mit einigen melodischeren Ideen in Schwung.

Beispiel 2j bewegt sich in diatonischen Quinten aufwärts und verwendet eine siebenstimmige melodische Figur. Achte auf dein Picking, während du das Plektrum durch die Saiten schiebst. Wenn du es gewohnt bist, Alternate Picking zu spielen, könnte sich dies anfangs unangenehm anfühlen.

Beispiel 2j:

Jedes Beispiel hat bisher mit einem Saitenwechsel begonnen, aber es ist wichtig, auch an Phrasen zu arbeiten, die mitten in einem Lauf die Saiten wechseln.

Kurze Übungen wie das nachstehende Fragment einer A-Moll-Tonleiter sind gut geeignet, um die Bewegungen zu festigen, bis sie sich natürlich anfühlen.

Doppelte Abwärtsschläge erfolgen von der tiefen E-Saite zur A-Saite und von der A-Saite zur D-Saite.

Beispiel 2k:

In Beispiel 2l wird ein weiteres A-Moll-Tonleiterfragment auf die gleiche Weise behandelt, wobei der Schwerpunkt auf den höheren Saiten liegt.

Beispiel 2l:

Erweitern wir unsere Fähigkeiten, indem wir lernen, einige vollständige A-Moll-Formen zu spielen.

Da Economy Picking gut mit einer ungeraden Anzahl von Noten pro Saite funktioniert, beginnen die folgenden Patterns entweder mit einer oder drei Noten auf der tiefsten Saite und werden dann mit Formen mit drei Noten pro Saite fortgesetzt.

Beispiel 2m:

Wenn du mit der Mechanik des Economy Pickings vertraut bist, ist es wichtig, an einem guten Timing zu arbeiten, da die Kombination von Sweep- und Alternate-Picking-Anschlägen zu einem überhasteten oder schleppenden Spiel führen kann, wenn du nicht aufpasst. Wenn du an das Alternate Picking gewöhnt bist, kann die gleichmäßige Abwärts- und Aufwärtsbewegung wie ein eingebautes Metronom wirken. Economy Picking sicherlich effizienter, aber eine Schwierigkeit besteht darin, dass es diesen inneren Rhythmus unterbricht.

Wenn du Patterns mit drei Noten pro Saite übst, helfen dir 1/8-Triolen, die Saitenwechsel in den Taktschlägen zu fixieren.

Bei der Verwendung von 1/16-Noten musst du ein gutes Timing bei Saitenwechseln beibehalten, die *nicht* gleichmäßig mit jedem Schlag zusammenfallen. Lass uns beides ausprobieren.

Im ersten Takt finden die Saitenwechsel auf den Zählzeiten 1, 2 und 3 statt. Im zweiten Takt wird dieselbe Phrase als 1/16-Noten gespielt, was bedeutet, dass das Plektrum am Ende von Takt 1 auf die A-Saite und in der Mitte von Takt 2 auf die D-Saite wechselt.

Wenn du solche Unterteilungen nebeneinander übst, wirst du feststellen, ob es Probleme mit dem Timing gibt, die du eventuell ausbügeln musst.

Beispiel 2n:

Am

Um das gesamte Griffbrett besser abzudecken und gutes Timing zu üben, lerne alle drei Noten pro Saite-Muster der unten gezeigten Durtonleiter in der Tonart C-Dur.

Spiele jede Position als 1/8-Triolen im Takt des Metronoms, gefolgt von 1/16-Noten.

C Ionian

D Dorian

E Phrygian

F Lydian

G Mixolydian

A Aeolian

B Locrian

Diese B-Lokrisch-Übung zeigt ein Muster, das du für die rhythmische Kontrolle bei all deinen Tonleiterübungen verwenden kannst. Wende es auf jedes der Patterns in der Tonart an.

Beispiel 2o:

Nachdem wir nun die Saitenwechsel nach unten (von einer tieferen zu einer höheren Saite) behandelt haben, ist es an der Zeit, sich mit den aufwärtsgerichteten Economy-Picking-Schlägen zu befassen, wie sie für absteigende Linien verwendet werden.

Aufwärtsgerichteter Saitenwechsel (absteigend)

Die meisten Gitarristen fühlen sich mit dem abwärts gerichteten Sweep und Economy Picking wohler als mit dem aufwärts gerichteten Pendant, da sie das Gefühl haben, weniger Kontrolle, Geschwindigkeit oder Timing zu haben.

Wir werden die Technik des absteigenden Economy Pickings von Grund auf aufbauen.

Für diese ersten beiden Noten eines C-Dur-Dreiklangs (Beispiel 2p) beginnst du mit dem Plektrum in Kontakt mit der E-Saite und einer schrägen Ausrichtung nach oben.

Aufwärtsgerichtete Picking-Orientierung:

Drücke die Saite durch, um gleichzeitig die E-Note erklingen zu lassen und auf der B-Saite zur Ruhe zu kommen. Ziehe das Plektrum ab und lasse die C-Note erklingen. Es ist wie ein aufwärts gerichteter Strum, bei dem du das Plektrum auf jeder Saite ruhen lässt, bevor du sie spielst.

Wiederhole die Übung und achte darauf, dass du nicht zwei getrennte Aufwärtsschläge machst.

Klopfe mit dem Fuß im Takt, um den Ruheschlag mit gutem Timing zu lernen.

Beispiel 2p:

Füge nun vor jedem doppelten Aufschlag einen Abschlag hinzu. In diesem Beispiel wird in Saitenpaaren mit Dur-Dreiklängen in reinen Quarten absteigend gespielt.

Beispiel 2q:

Hier ist die vorherige Idee, gespielt mit geraden 1/16tel Noten.

Beispiel 2r:

Versuche nun, das vorherige Beispiel als Triolen zu spielen.

Beispiel 2s:

Beispiel 2t verwendet ebenfalls absteigende reine Quarten, um eine melodische Phrase durch jedes Saitenpaar abwärts zu bewegen, platziert den Sweep-Schlag jedoch jetzt am Ende jedes Segments.

Da jeder Saitenwechsel mit einem Aufwärts-Sweep beginnt, kannst du das gesamte Beispiel mit dem Aufwärtswinkel spielen. Wenn sich einer der Saitenwechsel so anfühlt, als würdest du ausgebremst werden, stelle sicher, dass du einen ausreichenden Aufwärtswinkel und/oder den entsprechenden Kantenversatz des Plektrums hast.

Beispiel 2t:

Schauen wir uns nin einige Ansätze für absteigende Tonleitern an.

Beispiel 2u verwendet zwei- und dreisaitige Fragmente in einem dorischen Muster. Der Saitenwechsel findet in der Mitte jedes Fragments statt, nicht am Anfang oder Ende.

Beispiel 2u:

Diese Idee bewegt sich in Saitenpaaren über alle sechs Saiten des dorischen Musters.

Beispiel 2v:

Um dies noch schwieriger zu machen, wiederholt Beispiel 2w dieselben Noten in einem stetigen Strom von 1/16-Noten.

Obwohl dieses Beispiel mit einer geraden Anzahl von Noten auf der hohen E-Saite beginnt, sind die folgenden ungeraden Zahlen eine perfekte Gelegenheit für absteigendes Economy Picking mit aufwärtsgerichteten Saitenwechseln.

Beispiel 2w:

Damit du dich auf der Gitarre rundum wohlfühlen kannst, ist es wichtig, dass du bei Bedarf Licks mit einem Aufschlag einleiten kannst.

Da viele von uns daran gewöhnt sind, mit Abwärtsschlägen zu beginnen, kann das Hinzufügen eines zusätzlichen Tons auf der höchsten Saite dazu beitragen, dass wir uns mit etwas ungewöhnlicheren Picking-Ideen vertraut machen.

Im folgenden Beispiel beginnt der erste Takt mit drei Noten auf der hohen E-Saite, die mit einem Aufschlag eingeleitet werden. Takt drei fügt eine zusätzliche Note und einen Abschlag hinzu, fährt aber mit der gleichen Saitenwechsel-Strategie fort. Die Mechanik ist bei beiden Ansätzen gleich, aber das Spielgefühl ist anders.

Dein Ziel ist sollte es sein, beide Möglichkeiten zu beherrschen.

Beispiel 2x:

Beispiel 2y enthält die letzte Hälfte des vorherigen Beispiels als einen geraden 1/16-Notenlauf.

Versuche, das Muster dieser Übung auf jede der sieben Formen der Durtonleiter anzuwenden.

Beispiel 2y:

Verbessere dein Economy Picking in zehn Minuten

Wenn du alle Übungen in diesem Kapitel probiert hast, bist du bereit, die Schlüsselelemente des Abwärts- und Aufwärts-Economy-Picking zu kombinieren.

In diesem Abschnitt erfährst du, wie du deine Fähigkeiten durch ein kurzes tägliches Training verbessern kannst. Selbst zehn Minuten konzentrierte Arbeit können bei regelmäßiger Durchführung zu dramatischen Fortschritten führen.

Zu den meisten Aufwärtsübungen in diesem Kapitel gibt es auch Gegenstücke für Abwärtsbewegungen, so dass du Übungen ähnlicher Art oder Schwierigkeitsgrade zusammenstellen und beide Richtungen nebeneinander üben kannst. Das Ziel ist, eine gute Form und präzise Bewegungen zu entwickeln und die Geschwindigkeit zu steigern.

Nachfolgend findest du ein Beispiel für eine Trainingseinheit, die die entsprechenden Fähigkeiten, die Beispiele, die du einbeziehen solltest, und einen Vorschlag für die Zeiteinteilung zeigt. Wende dieses Programm eine Woche lang täglich an und ersetze dann die leichten Übungen durch anspruchsvollere. Längere Übungseinheiten sind großartig, aber diese Mikro-Session wird dir den Einstieg erleichtern und dir eine Vorstellung davon geben, welche Bereiche zusätzliche Arbeit erfordern.

Spiele während der ersten paar Sitzungen in freiem Tempo (ohne Metronom) und beginne jede Übung langsam, bevor du an die Grenzen deiner Fähigkeiten gehst. An anderen Tagen versuchst du Wiederholungsübungen mit einem Metronom, während du mit dem Fuß mitklopfst.

Finde ein anspruchsvolles Tempo, das du für jede Übung beibehalten kannst, und gehe regelmäßig an die Grenzen, um dein Tempo zu steigern. Langsames Spielen ist gut, um die Formen zu verinnerlichen, aber höhere Geschwindigkeiten erreicht man, indem man über das hinausgeht, was leicht oder bequem zu spielen ist.

Wenn du mit einem Metronom arbeitest, verschwende keine Zeit damit, das Tempo immer nur um ein paar Schläge zu erhöhen. Verwende eine Tempoeinstellung, um reinzukommen und dich aufzuwärmen, eine andere, um ein praktikables hohes Tempo beizubehalten, und eine dritte, um an deine Grenzen zu gehen, selbst wenn du ein paar Fehler machst.

Mache jede Temposteigerung so deutlich, dass sie sich lohnt, z. B. jedes Mal 10 bpm oder 20 bpm.

Beispiel für eine zehnminütige Übungseinheit

Minute 1 und 2	Beispiel 2g (Takt eins) im Wechsel mit Beispiel 2r (Takt eins)
	Ziel: Sanftes Auf- und Absteigen durch gestapelte Dreiklänge
Minute 3 und 4	Beispiel 2j im Wechsel mit Beispiel 2t
	Ziel: Dreiklangs- und Tonleiternoten in beide Richtungen mischen
Minute 5 und 6	Beispiel 2k im Wechsel mit Beispiel 2u
	Ziel: Auf- und Abstieg mit Hilfe von Skalenfragmenten
Minute 7 und 8	Beispiel 2o
	Ziel: Anwendung auf jede der aufsteigenden Modi der Durtonleiter
Minute 9 und 10	Beispiele 2x und 2y
	Ziel: Anwendung auf jede der absteigenden Modi der Durtonleiter

Im nächsten Kapitel werden wir diese Techniken auf verschiedene musikalische Arten anwenden.

Kapitel Drei: Kreative Anwendungen

Nachdem du nun durch Übungen, Dreiklänge und Tonleitern eine gewisse Fähigkeit zum Saitenwechsel entwickelt hast, ist es an der Zeit, einige kreativere und musikalischere Anwendungen des Economy Picking zu erkunden.

In diesem Kapitel werden wir die auf- und absteigenden Economy-Picking-Bewegungen auf verschiedene diatonische, pentatonische und apeggierte Formen anwenden, die du beim Solospiel verwenden kannst. Indem du ein Repertoire an kreativen Optionen aufbaust, wirst du beginnen, die Freiheit zu verstehen, mit der du dieses Picking-System anwenden kannst.

Diese Beispiele beziehen sich auf verschiedene Tonarten und Modi, so dass du sie auf andere Tonarten und Tonalitäten übertragen kannst, um einen endlosen Vorrat an Konzepten aufzubauen. Du kannst eine Reihe von so genannten „Picking Templates" (Mustern) erlernen, die du auf eine Vielzahl von Sounds und Formen anwenden kannst.

Eine einfache Möglichkeit der musikalischen Anwendung besteht darin, die Reihenfolge zu ändern, in der die Tonleiternoten auf den einzelnen Saiten gespielt werden.

Nehmen wir ein Drei-Noten-pro-Saite-Muster in der Tonart A-Lydisch (E-Dur) und vertauschen wir die zweite und dritte Note jeder Saite. Das klingt sofort musikalischer als das Auf- und Abspielen der Tonleiter.

Beispiel 3a:

Bei dieser Idee wird die höchste, dann die tiefste und dann die mittlere Note jeder Saite abwärts gespielt.

Beispiel 3b:

Um etwas zu schaffen, das sich ein bisschen mehr wie ein Lick anfühlt, kombinieren wir Elemente der beiden vorherigen Beispiele.

Beispiel 3c:

Innerhalb der Drei-Noten-pro-Saite-Patterns lassen sich auch Fünf-Ton-Ideen erzeugen. Beispiel 3d ist eine G# Phrygische (E-Dur) Sequenz, die mit dem gleichen Picking-Muster in jeden Modus transponiert werden kann.

Jede Einheit des Licks beginnt eine 1/16-Note später im Takt als die vorhergehende, daher ist es wichtig, dass du deine Lage im Takt nicht verlierst. Wenn du das Muster auswendig gelernt und das Picking ein paar Mal ausprobiert hast, übe es, während du mit dem Fuß zu einem Metronom klopfst.

Beispiel 3d:

Hier ist eine absteigende Version der gleichen Idee, mit einer Skalenform gespielt, die höher am Hals liegt. Du wirst den ganzen Weg über mit Aufwärtsschlägen führen.

Beispiel 3e:

Verschiedene ungerade Zahlen können zu coolen Economy-Picking-Sequenzen kombiniert werden. Hier mischen wir Dreier und Fünfer mit Mustern der lydischen Tonleiter in G (D-Dur).

Beim Aufsteigen gehen drei Tonleiternoten auf der tiefen E-Saite, der D-Saite und der B-Saite der fünfstimmigen Idee auf den anderen Saiten voraus.

Ab dem 14. Bund der hohen E-Saite wird ein weiteres fünfstimmiges Motiv auf der B-Saite, der D-Saite und der tiefen E-Saite gespielt.

Beispiel 3f:

Manchmal verwenden Spieler in Sequenzen etwas, das ich als „*Broken Economy Picking*" bezeichne. Ein Broken Economy Picking liegt vor, wenn eine Phrase einen „überspringenden" Abschlag oder Aufschlag (Escape Strokes) inmitten von ansonsten nicht „überspringenden" Saitenwechseln (Zero Escape) enthält.

Manchmal ist es sinnvoll, mit gerichteten Picking-Bewegungen zu brechen, wenn ein gemischtes Picking besser zur Wiederholung geeignet ist.

In Beispiel 3g wird diese Idee angewandt.

Diese mixolydische C-Sequenz (F-Dur) gruppiert acht Noten auf drei Saiten, bevor sie auf einem neuen Satz von drei Saiten wiederholt wird.

Die Zwei-Ton-Gruppen in jedem Schritt werden mit einem Aufschlag abgeschlossen, um beim Abschlag zur vorherigen Saite zurückzukehren. Das abwärtsgerichtete Economy-Picking wird bis zur nächsten Zwei-Ton-Gruppe fortgesetzt.

Auf diese Weise kann die Sequenz die ganze Zeit über mit demselben Plektrumswinkel gespielt werden.

In den Takten drei und vier spiegelt eine absteigende gebrochene Sequenz den aufsteigenden Ansatz wider. Aufschläge leiten die Saitenwechsel ein, außer wenn Saiten mit zwei Noten mit einem Abschlag abgeschlossen werden.

Beispiel 3g:

C7

```
T|------------------------------------------------------------------10-11--------------10-11-13------10-12--|
A|----------------8--10------------8--10------9--10----9--10-12------10-11----10-11-13----------------------|
B|12----8--10-12--------8--10-12----------8--10----12----9--10-12------------------------------------------|
```
⊓ ⊓ V ⊓ ⊓ V ⊓ V ⊓ ⊓ V ⊓ ⊓ V ⊓ V ⊓ ⊓ V ⊓ ⊓ V ⊓ V ⊓ ⊓ V ⊓ ⊓ V

```
T|--10--------13-11-10------13-11-10--------------------------9-----------------------------------|
A|------13-11-10----12-10--------12-10-9------12-10----12-10-8------12-10-8------12-10-8------------|
B|--------------12-10------------------12-10------12-10------12-10------12-10------12-10------12----|
```
V V ⊓ V V ⊓ V ⊓ V V V ⊓ V V ⊓ V ⊓ V V V ⊓ V V ⊓ V ⊓ V V V

Kaskadierende Arpeggios sind ein weiteres Beispiel dafür, dass Broken Economy Picking Einheitlichkeit schafft. Hier werden aufsteigende Arpeggios in der Tonart C-Dur mit drei Abwärtsschlägen und einem Aufschlag gespielt, um sicherzustellen, dass sich das gleiche Picking-Muster während des gesamten Licks wiederholt.

Beispiel 3h:

Beispiel 3i wird mit absteigendem, Broken Economy Picking gespielt, wobei das Plektrum durchgehend aufwärts gerichtet ist.

Beispiel 3i:

Beispiel 3j mischt Arpeggios und Tonleiternoten aus der Tonart C-Dur mit Broken Economy-Picking, das einmal in jedem Zwei-Takt-Zyklus auftritt. Die letzten beiden Noten jeder Gruppe werden *abwärts* und *aufwärts* gespielt und nicht mit einem Aufwärts-Sweep, um ein einheitliches Picking-Muster zu gewährleisten.

Beispiel 3j:

Natürlich kann man auch mit den traditionellen Boxen der pentatonischen Tonleiter Economy Picking betreiben, aber wir können uns auch einen Spaß daraus machen, Formen zu kreieren, die zwischen drei Noten und einer Note pro Saite (3-1-3-1-3-1) wechseln.

Beispiel 3k enthält alle Noten einer C-Moll-Pentatonik, die in einer Form angeordnet sind, die sich auf natürliche Weise für ein Economy Picking in beide Richtungen eignet. Bei den Saitenwechseln werden dreifache Anschläge abwärts und aufwärts verwendet.

Beispiel 3k:

Beispiel 3l wendet das 3-1-3-1-3-1-Layout auf die nächste pentatonische Form am Hals an.

Beispiel 3l:

Um das gesamte Griffbrett mit diesem Format abzudecken, sind hier die fünf pentatonischen Formen in 3-1-3-1-3-1 umgewandelt.

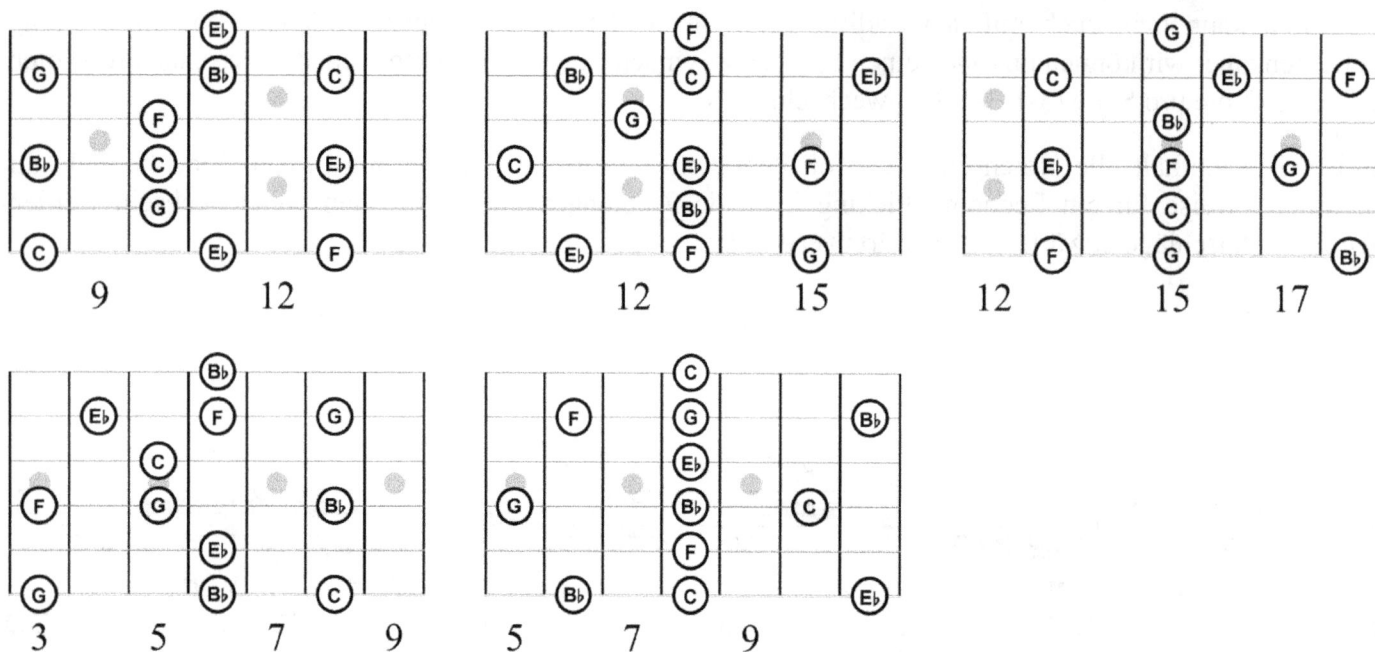

Wir können innerhalb der neuen Formen sequenzieren, indem wir einige unserer früheren Ideen verwenden. Hier ist die aufsteigende Fünf-Ton-Idee aus Beispiel 3d auf der tiefen E-, D- und B-Saite.

Beispiel 3m:

Selbst die Einfachheit von Beispiel 3a hat eine große Wirkung, wenn sie auf diese pentatonischen Formen angewendet wird.

Beispiel 3n:

Beispiel 3o enthält eine meiner bevorzugten Economy-Picking-Pentatonik-Sequenzen. Diese E-Moll-Pentatonik vermischt die erste und zweite Position von regulären pentatonischen Boxen.

Der erste Schritt der Sequenz enthält die ersten fünf Noten des ersten Taktes. Der nächste Schritt beginnt am 12. Bund der A-Saite und der dritte Schritt beginnt am 12. Bund der D-Saite in Takt 3.

Betrachte jede Fünftongruppe als vier Noten aus dem ersten Feld der Moll-Pentatonik und eine Erweiterungsnote aus dem zweiten Feld, und du wirst sehen, wie sich die Sequenz auf jedem überlappenden Saitenpaar wiederholt.

Beispiel 3o:

Die Sequenzen in diesem Kapitel solltest du auf deine bevorzugten Skalen, Modi und Pentatoniken in den Tonarten anwenden, in denen du regelmäßig spielst.

Sobald du dazu in der Lage bist, füge Elemente dieser Sequenzen in deine Soli ein. Improvisation ist eigentlich eine spontane Interpretation von Ideen, an denen du während deiner Übungszeit gearbeitet hast. Übe also das Improvisieren immer auf die Weise, wie du auch Mechanik und Vokabular übst: mit einem kritischen Ohr und Aufmerksamkeit für die Dinge, die mehr Arbeit benötigen.

Kapitel Vier: Bidirektionales Picking und Turnarounds

Bisher haben wir uns mit Picking-Linien beschäftigt, die sich entweder nur in eine Richtung bewegen oder gelegentlich durch Broken Economy Picking zu den vorherigen Saiten zurückkehren.

Dieses Kapitel erweitert deine Möglichkeiten und dein Vokabular in Bezug auf bidirektionale Ansätze (regelmäßige Richtungswechsel) und stellt eine *Turnaround-Technik* vor, mit der du Notenströme mit einem „Zero-Escape"-Ansatz spielen kannst.

Wir wissen, dass es beim Economy Picking in seiner reinsten Form darum geht, das Plektrum auf dem direktesten Weg von einer Saite zur nächsten zu führen, aber selbst dieses Prinzip kann für verschiedene Licks unterschiedliche Bedeutungen haben, wenn es darum geht, die Richtung zu ändern.

Unterteilen wir diese Richtungsänderungen in zwei Kategorien von Anschlägen:

1. Zwei-Schlag-Wechsel, die bei Bedarf zwischen den Saiten erfolgen.

2. Ein-Schlag-Wechsel mit einer coolen Strategie, die das Plektrum bei *jedem* Wechsel sweepen lässt.

Beide Ansätze entsprechen der Philosophie des Economy-Pickings, da der direkteste Saitenwechsel verwendet wird, aber es gibt leichte Unterschiede im Spielgefühl der beiden.

Sehen wir uns zunächst den Zwei-Schlag-Ansatz an.

Two-Stroke-Turnarounds

Die Art und Weise, wie viele Licks auf die Saiten fallen, bedeutet, dass einige Richtungswechsel separate Plektrumanschläge zwischen den Saiten erfordern.

Beispiel 4a verwendet Sweeps, um von der G-Saite zur B-Saite, von der B-Saite zur E-Saite und von der B-Saite zurück zur G-Saite zu wechseln.

Während des Richtungswechsels in Takt 2 bedeutet die einzelne Note auf der E-Saite, dass die B-Saite mit einem separaten Aufschlag zwischen den Saiten gespielt wird. Dies wird als *Inside Picking* bezeichnet.

Ein „Two-Stroke-Turnaround" bezieht sich auf die Idee, dass dieser spezielle Saitenwechsel (von E nach B) nicht das Ergebnis eines Sweeps von einer anderen Saite, sondern eines zusätzlichen Plektrumschlags ist.

Beispiel 4a:

Erstellen wir aus der vorherigen Übung eine sich wiederholende Phrase.

Im ersten Takt, auf Schlag 2, wird durch den Richtungswechsel von der G-Saite zurück zur B-Saite ein weiterer innerer Saitenwechsel mit zwei Anschlägen eingeführt. Infolgedessen ändert sich das Picking beim ersten Mal leicht, behält aber bei jeder weiteren Wiederholung die neue Form bei.

Beispiel 4b:

Der Saitenwechsel beim Inside-Picking kann durch Wiederholung verstärkt werden.

Bei dieser Idee wird der Saitenwechsel zwischen der B-Saite und der E-Saite jedes Mal wiederholt, wenn das Lick oben ankommt.

Beispiel 4c:

In Beispiel 4d werden am Anfang (Takt eins, Schlag 3) und am Ende (Takt zwei, Schlag 2) Two-Stroke-Turnarounds verwendet.

Beispiel 4d:

Hier ist nun ein Turnaround mit zwei Schlägen von der tiefen E-Saite zur A-Saite zu Beginn des zweiten Taktes und von der G-Saite zur D-Saite im zweiten Takt.

Beispiel 4e:

Um die Balance zwischen Sweeping und Two-Stroke-Turnarounds zu verbessern, geht Beispiel 4f im Zickzack die A-Dur-Tonleiter auf und ab. Eine visuelle Referenz, wie ich dies angehe, findest du im Video „*Two-Stroke-Turnarounds*", in dem du siehst, wie das Plektrum an jedem Umkehrpunkt die Richtung ändert.

https://www.fundamental-changes.com/economy-picking-guitar-technique-bonus-video/

Beispiel 4f:

Hier ist die gleiche Sequenz im 4/4-Takt und als 1/16-Noten gespielt.

Beispiel 4g:

Single-Stroke-Turnarounds

Da der Saitenwechsel beim Sweep-Picking ein so nützliches Element des Economy-Pickings ist, können wir so ziemlich jedes Lick auf eine Weise arrangieren, dass es *nur* mit doppelten Auf- oder Abschlägen die Richtung ändert. Ich nenne dies einen *Single-Stroke-Turnaround*.

Frank Gambale war der Pionier dieses Ansatzes, indem er *immer* eine gerade Anzahl von Noten auf der höchsten oder tiefsten Saite eines Picking-Laufs verwendete.

Vergleiche im folgenden Beispiel die Takte eins und zwei mit den Takten drei und vier.

Die ersten beiden Takte wechseln die Richtung, indem sie mit zwei Schlägen von der hohen E-Saite hinunter zur B-Saite und von der G-Saite wieder hinauf zur B-Saite geführt werden. Dies ist immer noch die ökonomischste Art, diese Noten zu spielen.

Die Takte drei und vier stellen eine Modifikation à la Gambale dar, bei der eine zusätzliche aufsteigende Note auf der hohen E-Saite (9. Bund) hinzugefügt und eine absteigende Note von der G-Saite (7. Bund) entfernt wird.

Der modifizierte Lauf erzeugt eine Phrase, bei der jeder Richtungswechsel mit einem einzigen Plektrumschlag erfolgt: ein Aufschlag von der E-Saite zur B-Saite und ein Abschlag von der G-Saite zurück zur B-Saite.

Im Gegensatz zu Two-Stroke-Turnarounds ändert sich das Picking in der Gambale-Phrase nicht von Wiederholung zu Wiederholung.

Beispiel 4h:

In Gambales Solos würde ein Lauf wie Beispiel 4d höchstwahrscheinlich durch etwas wie Beispiel 4i ersetzt werden, um die Vorteile von One-Stroke-Turnarounds zu nutzen.

Durch das Entfernen eines Tons auf der hohen E-Saite und das Hinzufügen eines chromatischen Durchgangstons auf der D-Saite ist die Phrase nun für Zero Escapes optimiert und kann jedes Mal auf dieselbe Weise wiederholt werden.

Dieser Ansatz ist keine feste Regel für Economy Picking oder für alle Gambale-Licks, aber er stellt eine häufig vorkommende stilistische und bewegungsmechanische Wahl dar.

Beispiel 4i:

In ähnlicher Weise führen einige Änderungen an Beispiel 4e zum Beispiel 4j, das sich besser an den Sweep anpassen lässt. Der letzte Plektrumschlag jeder Saite wird jedes Mal zum ersten Schlag der nächsten Saite.

Beispiel 4j:

Neben dem Addieren oder Subtrahieren von Noten, um ungerade Zahlen in gerade Zahlen zu verwandeln, kann diese Aufgabe auch durch Positionsverschiebung mit Mustern mit drei Noten pro Saite erfüllt werden.

Beispiel 4k behält alle drei absteigenden Noten auf der D-Saite in jeder Position bei und gleitet nach oben, um uns sechs Noten in jedem der tieferen Turnarounds zu geben.

Beispiel 4k:

Beispiel 4l ist eine Wiederholungsübung für den Turnaround. Führe die Aufwärtsschläge mit einer leichten Aufwärtsorientierung und die Abwärtsschläge mit einer Abwärtsorientierung aus. Es ist nicht nötig, das Pick stark in eine der beiden Richtungen zu neigen.

Beispiel 4l:

Hier ist eine umfassende Turnaround-Übung, die alle möglichen Saitenpaare durchläuft.

Beispiel 4m:

Die nächsten beiden Beispiele wenden Turnarounds auf eine B-Moll-Pentatonik an, wobei zwei Noten auf einer beliebigen Saite mit einem Richtungswechsel verwendet werden.

Beispiel 4n:

Beispiel 4o:

Jeder Takt der Beispiele 4p und 4q beginnt und endet mit einer ungeraden Anzahl von Noten pro Saite, wobei gerade Zahlen verwendet werden, um die Richtung zu ändern, ohne dass es zu Escapes kommt.

Beide Turnaround-Übungen sollten auf verschiedene Saitenpaare innerhalb der 3nps-Skalenmuster angewendet werden.

Beispiel 4p:

Beispiel 4q:

Wenn du ein paar Ideen für Single-Stroke-Turnarounds in petto hast, kannst du jederzeit darauf zurückgreifen, wenn du einen Richtungswechsel mit Sweeping wünschst.

Beispiel 4r bricht einen aufsteigenden lydischen Modus in D mit Zwei-Noten-Turnarounds auf der A-, G- und hohen E-Saite auf.

Beispiel 4r:

Hier ist die absteigende Version des vorigen Beispiels, mit Turnaround an den gleichen Stellen in jedem Takt.

Beispiel 4s:

Die folgenden beiden Ideen enthalten jeweils eine neuntönige Einheit, die in Gruppen von drei Saiten aufsteigt und mit Hilfe von Sextolen im B-Dorischen Modus auf etwas Geschwindigkeit kommt. Turnarounds werden mit größerer Regelmäßigkeit als bei den beiden vorherigen Sequenzen eingesetzt.

Beispiel 4t:

Beispiel 4u:

Bm7

Beispiel 4v:

Bm7

Die pentatonischen 3-1-3-1-3-1-Formen aus Kapitel Drei können auch für Zero-Escape-Picking-Patterns modifiziert werden.

In Takt zwei von Beispiels 4v werden für einen Turnaround C#-Noten zu einer B-Moll-Pentatonik-Skala im 9. Bund der hohen E- und tiefen E-Saite hinzugefügt.

Beispiel 4v:

Wir können das Muster, das dem letzten Beispiel zugrunde liegt, auch auf Modi mit drei Noten pro Saite anwenden.

Hier ist ein B-dorischer Lauf, bei dem durch das 3-1-3-1-3-1-Layout ausgewählte Tonleiternoten weggelassen werden. Diese Form klingt sofort musikalischer als eine Tonleiter und kann auf viele Skalen mit drei Noten pro Saite angewendet werden.

Beispiel 4w:

Um die bidirektionalen Licks für dieses Kapitel zu vervollständigen, verwenden die Beispiele 4x, 4y und 4z das Gambale-Turnaround-Konzept mit drei verschiedenen Septim-Arpeggios.

Beispiel 4x:

Beispiel 4y:

Beispiel 4z:

Im fünften Kapitel werden wir uns mit Arpeggios beschäftigen und sie mit Tonleitern kombinieren, um eine Reihe von fließenden Economy-Picking-Linien zum Üben und Improvisieren zu erzeugen.

Kapitel Fünf: Arpeggio- und Tonleiterkombinationen

Viele Spieler, die für Tonleitern das Alternate Picking und für Arpeggios das Sweep Picking verwenden, haben das Gefühl, dass sie mechanisch „umschalten" müssen, wenn sie von skalaren Phrasen zu Arpeggios mit einer Note pro Saite übergehen, weil der Saitenwechsel bei beiden Ansätzen unterschiedlich gehandhabt wird.

Economy Picking macht das Überblenden von Tonleitern und Arpeggios viel nahtloser, was zu einem sehr konsistenten Picking-Ansatz führt, den man ohne die mentale Herausforderung des Wechselns von Techniken erreichen kann.

In diesem Kapitel werden wir sowohl kleine als auch große Arpeggios verwenden, um Linien zu erzeugen, die sich musikalisch zwischen Drei-Noten-pro-Saite-Mustern und Dreiklangs- oder Septim-Arpeggios bewegen.

Gehen wir mit einem Picking-Muster durch die sieben Dreiklänge in der Tonart G und ändern dabei die Formen, um in der Tonart zu bleiben. Jede achttönige Einheit beginnt mit dem Grundton, der Terz und der Quinte des Dreiklangs und wird dann mit der Sexte und Septime als zusätzliche Melodienoten auf der B-Saite fortgesetzt, bevor sie mit einem Aufwärts-Sweep endet.

Bevor du das ganze Beispiel spielst, präge dir die Zählzeiten 1 und 2 des ersten Taktes ein, um das Picking-Muster für die anderen Dreiklänge und Skalenfragmente vorzubereiten.

Beispiel 5a:

Beispiel 5b beginnt jeden Takt mit den Dreiklangsformen des vorherigen Beispiels, wagt sich aber bis zur hohen E-Saite in der Tonleiter vor, bevor es umgekehrt wird.

Beispiel 5b:

Als nächstes werden Melodienoten unterhalb des Grundtons jedes Dreiklangs auf der D-Saite hinzugefügt. Jede Form umreißt einen deutlicheren Sept-Arpeggio-Klang, da jede von der siebten Stufe der angegebenen Akkorde absteigt.

Beispiel 5c:

Wenn du diese Übergänge von der Tonleiter zum Arpeggio übst, kannst du frei zwischen ihnen improvisieren, was vielleicht zu Licks wie dem folgenden führt.

Dieses Lick in C-Lydisch (G-Dur) ist ein melodischeres Beispiel für diesen Ansatz, daher solltest du das Picking-Muster auch auf andere Modi übertragen.

Beispiel 5d:

Im Jazz und im Fusion ist es sehr üblich, kleine Dreiklänge und Arpeggios zu stapeln, um größere Arpeggio-Sounds zu umreißen. Du wirst dies immer wieder bei Larry Carlton und Frank Gambale hören, und du kannst es mit meinem Buch *Arpeggio-Gitarrensolo für Fortgeschrittene* selbst lernen.

In Beispiel 5e werden Arpeggio-Stapel mit Septimen kombiniert, um den zugrundeliegenden Akkorden Farbe zu verleihen: Am7-, CMaj7-, Em7- und Bm7. Eine zusätzliche Melodienote auf der G-, B- und E-Saite lässt die Linie nach mehr als nur Arpeggios klingen.

Nicht alle Saitenwechsel in diesem Lick werden mit Sweeping gespielt, aber die angegebenen Plektrumanschläge stellen den kürzesten Weg zu jeder Saite dar.

Beispiel 5e:

Wir werden nun ausgedehntere Formen mit größeren Sweeps und längeren Skalenlinien erkunden.

Bei der Verwendung eines fünfsaitigen A-Moll-Dreiklangs und des dritten Tonleitermusters von G-Dur besteht die Herausforderung darin, bei den offensichtlichen Übergängen zwischen Dreiklang und Tonleiter ein gutes Timing und Kontrolle zu bewahren.

Beispiel 5f:

Um das vorherige A-Dorische Picking-Pattern optimal zu nutzen, wird es in Beispiel 5g in eine D-Mixolydische Tonalität transponiert. Es enthält einen D-Dur-Dreiklang und das sechste Skalenmuster von G-Dur.

Beispiel 5g:

Wenn du mein Buch *Sweep-Picking-Speed-Strategien für Gitarre* (das 80 verschiedene Arpeggio-Formen enthält) noch nicht hast, findest du hier sieben fünfsaitige Dreiklangsformen aus der Tonart G, die du mit den Tonleitermustern der Tonart kombinieren kannst.

Wenn du eine gute Mechanik, ein gutes Timing und eine gute Geschwindigkeit mit den größeren Formen entwickelt hast, ist es einfach, die Formen zu verkleinern, um kürzere Licks zu kreieren.

In diesem Beispiel wird der gleiche Abschnitt des Griffbretts wie in Beispiel 5f verwendet, aber das Lick beschränkt sich auf drei Saiten.

Beispiel 5h:

Wenn du dich im Skalen-Teil eines kombinierten Licks befindest, kannst du eine beliebige Sequenz aus den vorangegangenen Kapiteln einführen, anstatt dich an aufeinanderfolgende Skalen-Noten zu halten.

Dieses Beispiel springt auf das siebte Tonleitermuster von G-Dur in Takt 3 und erinnert an eine Fünf-Ton-Sequenz, die im dritten Kapitel behandelt wurde.

Beispiel 5i:

Das nächste Lick verwendet eine Arpeggioform mit der großen Septime aus Kapitel vier und bricht das Arpeggio mit skalaren Umkehrungen auf der G- und der hohen E-Saite im ersten Takt auf, gefolgt von der G- und der D-Saite im zweiten Takt.

Jede Umkehrung folgt dem Konzept der geraden Zahlen, um die Richtung zu ändern.

Beispiel 5j:

In Beispiel 5k wird das vorangegangene Lick mit Hilfe eines Arpeggios mit der kleinen Septime in die äolische Tonart E transponiert, wobei wiederum praktische Picking-Muster genutzt werden.

Beispiel 5k:

Hier ist ein weiteres Beispiel für das Stapeln von Arpeggios.

Beispiel 5l beginnt mit einem E-Moll-Dreiklang auf der tiefen E-Saite, einem D-Dur-Dreiklang auf der D-Saite und einem B-Moll-Dreiklang auf der B-Saite. Jeder dieser Dreiklänge enthält auch eine zusätzliche Quarte, so dass du beim Aufstieg zwischen einer Note und drei Noten pro Saite wechseln musst.

Im zweiten Takt hilft ein Turnaround auf der D-Saite und der G-Saite dabei, das Lick etwas länger auszudehnen und die Vorhersehbarkeit eines gleichförmigen Auf- und Absteigens zu vermeiden.

Beispiel 5l:

Um dieses Kapitel zu vervollständigen, schau dir das Monster-Lick unten an.

Diese A-dorische Idee, die sich zwischen der 5. und 15. Position des Griffbretts bewegt, verwendet verschiedene Konzepte aus diesem Kapitel und wird deine Ausdauer, dein Timing und deine Fertigkeiten der Positionsverschiebung herausfordern.

Finde heraus, welche Monster-Licks du durch die Kombination von Konzepten und Bewegungen auf dem Griffbrett kreieren kannst.

Beispiel 5m:

Im nächsten Kapitel werden wir anhand von Fallstudien untersuchen, wie einige legendäre Gitarristen das Economy Picking in ihrem eigenen Stil anwenden.

Kapitel Sechs: Fallstudie - Der Texaner

Eric Johnson ist für seinen satten, geigenähnlichen Ton und seine kaskadenartigen Picking-Linien bekannt und begeistert das Publikum seit den 1980er Jahren.

Johnsons Markenzeichen, die pentatonischen Linien, sind von Blues- und Avantgarde-Einflüssen inspiriert und bilden einen unverwechselbaren Sound, der Gitarristen aus verschiedenen Genres inspiriert hat.

Mechanisch ergänzt Johnson sein Alternate Picking mit einer unglaublichen One-Way-Economy-Picking-Technik. Das Ergebnis ist eine Reihe von Picking-Linien, die aufwärts gerichtete Pick-Escapes und abwärts gerichtete Sweeps bevorzugen, wenn eine ungerade Zahl erscheint.

Eine klassische Anwendung dieser Kombination ist das, was viele Gitarristen einfach als „Eric Johnson Fives" bezeichnen.

Bei diesem kaskadierenden E-Moll-Pentatonik-Lick werden die Saiten, die zwei Noten enthalten, mit Alternate Picking gespielt und die Saiten, die eine Note enthalten, mit einem Sweeping-Abschlag verlassen.

Melodische Einheiten von fünf Noten werden als 1/16-Noten gespielt, um ein verschobenes Gefühl zu erzeugen, da jede Gruppe jedes Mal auf einem anderen Teil des Beats beginnt.

Beispiel 6a:

Der nächste Gedanke enthält dieselben Noten, wird aber in Fünfergruppen phrasiert, damit jede Fünfergruppe in einen Takt passt.

Probiere dieses Picking-Pattern unbedingt mit jeder der Pentatonik-Boxen aus.

Beispiel 6b:

Die Economy Picking-Komponente dieser Licks ist einfach, aber effektiv. Sie kann in aufsteigenden Linien ebenso leicht verwendet werden wie in absteigenden Ideen.

Diese Idee, die in der dritten E-Moll-Pentatonik gespielt wird, beginnt mit Economy Picking und wiederholt denselben aufsteigenden Sweep jedes Mal, wenn das Lick zu einer tieferen Saite zurückkehrt.

Beispiel 6c:

Es handelt sich zwar nicht um ein spezielles Eric-Johnson-Lick, aber wir können einen doppelten Abschlag verwenden, um einen aufsteigenden Kontrapunkt zu dem *Fünfer*-Lick in Beispiel 6a zu schaffen, während wir in einer abwärts gerichteten Picking-Orientierung bleiben. Kombiniere die Beispiele 6d und 6a für eine noch längere Linie.

Beispiel 6d:

Beispiel 6e:

Wenn wir die erste Moll-Pentatonik-Box verlassen, können wir uns Noten aus der nächsthöheren Form ausleihen, um geradzahlige Umkehrungen für Richtungswechsel zu erleichtern.

Hier geschieht dies auf der E-Saite in Takt eins und auf der B-Saite in Takt zwei. Achte auf die vorgeschlagenen Fingersätze, weil sie es leichter machen, das Lick zu spielen, ohne die Greifhand zu überlasten.

Kombinieren wir aufsteigende und absteigende Ideen in einer längeren Form, indem wir den Ansatz des Broken- oder One-Way-Economy-Picking von Eric Johnson verwenden.

Beispiel 6f ist eine Etüde, in der die geraden Zahlen verschiedener pentatonischer Box-Layouts mit Einzeltönen auf den Saiten kombiniert werden, die zum Umkehren mit Economy Picking verwendet werden.

Denke daran, dein Plektrum während dieser Licks nach unten zu halten, da bei jedem Saitenwechsel entweder aufsteigende Sweeps (ungerade Zahlen), aufsteigendes Alternate Picking (gerade Zahlen) oder absteigendes Outside-Picking (gerade Zahlen) verwendet wird.

Beispiel 6f:

Kapitel Sieben: Fallstudie – Die Fusionäre

In diesem Kapitel werden wir das Economy Picking auf einige Vokabeln von sehr erfolgreichen Fusion-Gitarristen anwenden. Du musst kein Jazz- oder Fusion-Aficionado sein, um diese Lines zu verwenden, denn sie funktionieren auch als anspruchsvoll klingende Rock-Licks.

Frank Gambale und alle, die in seine Fußstapfen getreten sind, bilden die Spitze der Two-Way-Economy-Picking-Methode. Wenn es um systematisierte Ansätze geht, ist es schwer, jemanden zu finden, der über ein umfassenderes Know-how im Bereich des Economy Picking verfügt.

Gambale verwebt seine Picking-Linien mit den Klängen von Akkorden und verwendet Arpeggios als Rahmen für Melodielinien. Betrachte das Bm9-Arpeggio in Beispiel 7a, das als Gerüst für die Tonleiter-Verzierungen in Beispiel 7b verwendet wird.

Beispiel 7a:

Wenn wir das Arpeggio als einen VI-Akkord der Tonart D-Dur behandeln, können wir das Arpeggio mit anderen Noten der Tonart verzieren, um ein äolisches B-Lick zu erzeugen.

Mechanisch ist die Ausführung vollständig konform mit dem Zero-Escape-Economy-Picking. Sie erinnert auch an das in Kapitel drei untersuchte 3-1-3-1-3-1-Layout.

Beispiel 7b:

Das Transponieren des vorherigen Licks nach E-Dorisch funktioniert ebenfalls gut, und ein großes Sext-Intervall wird nun am 14. Bund der B-Saite verwendet. Wenn du eine gute Idee hast, benutze sie immer als Vorlage für weitere!

Beispiel 7c:

Das „Broken Economy Picking" ist ebenfalls ein stilistisches Merkmal von Gambales Spiel und taucht in Situationen auf, in denen es logisch ist, ein Picking-Muster über verschiedene Saitengruppen hinweg zu wiederholen, anstatt unbeirrt den direkten Weg zu jeder Saite zu nehmen. Das Ergebnis ist Gleichförmigkeit.

Das folgende Lick bricht eine H-Moll-Pentatonik-Skala auf eine Art und Weise auf, die sich eher wie ein Arpeggio anhört und anfühlt.

Ein absteigendes Picking-Muster von *auf, auf, auf, ab* wird über jede Dreisaitengruppe im ersten Takt wiederholt. Jeder Schlag des Taktes könnte stattdessen mit einem Abschlag beginnen, aber dann müsste das Plektrum häufig den Neigungswinkel wechseln, anstatt eine einzige Orientierung beizubehalten.

Mit dem Abschlag auf der letzten Note des ersten Taktes beginnt ein aufsteigendes Picking-Muster (*ab, ab, ab, auf*), das sich auch in Saitengruppen wiederholt. Verwende eine abwärts gerichtete Orientierung.

Beispiel 7d:

Die nächste Idee bewegt sich durch E-Dorisch (D-Dur) und verwendet ebenfalls Abwärtsschläge, die die Saiten kreuzen, um die Vorteile der dreifachen Aufwärtsschläge zu nutzen, die in beiden Takten möglich sind.

Das Lick wechselt in Takt eins, Schlag 4, und in Takt zwei, Schlag 1, in eine abwärts gerichtete Picking-Ausrichtung. Alles andere kann in einer aufwärts gerichteten Ausrichtung gespielt werden.

Beispiel 7e:

Ein Markenzeichen von Gambale ist die Verwendung von kaskadierenden Arpeggios, bei denen diatonische Arpeggios mit drei Saiten übereinander gestapelt werden, um einen farbigeren Klang über einem statischen Akkord zu erzeugen.

In diesem Beispiel werden Single-Stroke-Turnarounds in einer Kombination von Arpeggios über einem Bm7-Akkord verwendet. Eine gerade Anzahl von Tonleiternoten auf der A-Saite leitet den Turnaround ein, um das Zero-Escape-Picking des gesamten Licks beizubehalten.

Beispiel 7f:

Eine weitere Farbgebung in Gambales Soli wird durch die Kombination verschiedener pentatonischer Moll-Skalen aus der Grundtonart erreicht. Über einem dorischen Vamp werden abwechselnd Mollpentatoniken aus den Akkorden ii und iii der Grundtonart verwendet, wobei Spannungsnoten hinzugefügt werden, um den klischeehaften pentatonischen Klang zu vermeiden.

Beispiel 7g wechselt zwischen der A-Moll-Pentatonik und der B-Moll-Pentatonik aus der Grundtonart G-Dur über einem A-Dorischen Groove. Es verwendet Fünf-Ton-Sequenzen und endet mit der A-Moll-Pentatonik ab Takt zwei, Schlag 2.

Die B- und F#-Töne der B-Moll-Pentatonik fungieren als None (9) und Tredezime (13) des Am7-Akkords, um eine ausgeprägte dorische Tonalität zu erzeugen.

Beispiel 7g:

Zweisaitige pentatonische Licks wie die folgenden werden oft mit Alternate Picking in Verbindung gebracht, sind aber mathematisch gesehen auch perfekt für Zero-Escape-Economy-Picking geeignet.

Beispiel 7h wechselt von der A-Moll-Pentatonik zur B-Moll-Pentatonik im ersten Takt, Schlag 4, und bleibt dabei bis zum Ende des Licks.

Beispiel 7h:

Ein Aspekt, der das Economy Picking vielseitig anwendbar macht, ist, dass du es so oft oder so selten verwenden kannst, wie du möchtest. Du kannst dein gesamtes Picking-Konzept danach ausrichten oder einfach die Momente auswählen, in denen du es brauchen kannst.

Der unglaubliche Guthrie Govan erklärte 2014 in einem Interview, dass er sich zwar als Alternate Picker sieht, sich das Economy Picking aber in sein Spiel einschlich, als er einen anderen, dynamischeren Sound wollte. In Govans Worten: „Es ist wirklich nützlich, wenn man in der Lage ist, schnelle Notenläufe zu spielen, ohne sie wirklich raushämmern zu müssen" (womit er sich auf die brachiale Kraft des Hochgeschwindigkeits-Alternate-Pickings bezieht).

Unterziehen wir nun einige Licks dem Govan-Test, um die Dynamik und die Mechanik von Alternate und Economy Picking zu vergleichen. Beginne mit der zweisaitigen Schleife in Beispiel 7i.

In diesem Lick werden die Takte eins und zwei mit Alternate Picking gespielt. Die Takte drei und vier enthalten dieselben Noten wie die ersten beiden Takte, werden aber mit Economy Picking gespielt.

Du kannst die beiden Abschnitte für konzentriertes Üben isolieren, aber stelle sicher, dass du sie wieder zusammenfügst und dabei die Unterschiede in Klang und Spielgefühl beachtest, wenn du von der Escape- zur Zero-Escape-Spielweise wechselst.

Vielleicht hast du eine starke Vorliebe für eine der beiden Varianten, oder du möchtest beide als dynamische Optionen in deinem Picking-Repertoire entwickeln.

Beispiel 7i:

Die Beispiele 7j bis 7m basieren auf anderen Linien, die Govan ohne Probleme mit Alternate Picking, aber aus Gründen der Flüssigkeit und Schnelligkeit auch mit Economy Picking spielen könnte.

Anhand dieser Beispiele kannst du den Klang und die Mechanik des Alternate- und des Economy-Pickings vergleichen, wobei die Economy-Option in der Tabulatur angegeben ist.

In diesem Beispiel werden zweisaitige D-Moll-Pentatonik-Fragmente in auf- und absteigenden Blöcken verwendet. Um einen hipperen „Fusion"-Sound aus diesem Lick herauszuholen, versuche, es einen Ganzton höher (E-Moll-Pentatonik) über demselben D-Moll-Akkord zu spielen, um einen dorischen Sound zu erzeugen.

Beispiel 7j:

Beispiel 7k profitiert von einem sich wiederholenden Picking-Muster für jeden Schlag des ersten Taktes, wenn du die Option „Economy Picking" für die Fünf-Noten-Gruppen wählst. Beim Alternate Picking wechselt die Picking-Richtung alle fünf Noten.

Beispiel 7k:

Selbst ein hartgesottener Alternate-Picker würde wahrscheinlich die Arpeggio-Fragmente in Takt eins von Beispiel 7l als Sweep spielen, sodass die wichtigste Entscheidung in Takt zwei getroffen werden muss. Bleibst du bei den zweisaitigen Abschnitten beim Sound und Fluss des Economy Picking oder verwendest du das Alternate Picking, um ein anderes dynamisches Ergebnis zu erzielen?

Beispiel 7l:

Guthrie Govan greift in seinem Spiel oft auf kleine Arpeggio-Formen zurück, anstatt große sechssaitige Formen zu verwenden.

Wenn du diese Arpeggios in der Tonart C-Dur auf zwei Saiten spielst, musst du jeden Schlag mit einem Aufschlag beginnen. Das mag sich zunächst ungewohnt anfühlen, aber wenn man es erst einmal verinnerlicht hat, fällt es einem sehr leicht, das Picking-Muster beizubehalten.

Beispiel 7m:

Im Gegensatz zu Eric Johnsons Kombination von Alternate Picking und aufsteigendem Economy Picking kombiniert Oz Noy oft aufsteigendes Alternate Picking mit absteigendem Economy Picking, um seine Fusion von Jazz-, Rock- und Blueslinien zu erzeugen.

Beispiel 7n verwendet diese mechanische Kombination mit dem G-Mixolydischen b6-Modus (C-Melodisch-Moll). Takt eins enthält eine Alternate-Picking-Sequenz mit diatonischen Sekund-Intervallen, die in Takt zwei mit Economy Picking einfach die Tonleiter absteigt. Der Wechsel der Techniken schafft einen Kontrast zwischen den Richtungen.

Beispiel 7n:

Noy nutzt manchmal sogar den Fluss des absteigenden Economy Pickings, um die Notenwerte zu beschleunigen und die Phrase schneller zu beenden.

Beispiel 7o:

In diesem Beispiel wird die alterierte Tonleiter in G (Ab-Melodisch Moll) mit absteigenden, Arpeggio-Sweeping-Fragmenten kombiniert, um den alterierten Klang des zugrunde liegenden Akkords zu betonen.

Da es auch in diesem Lick aufsteigende Economy-Möglichkeiten gibt, habe ich die Economy-Picking-Anschläge in Takt drei angegeben.

Wenn du mehr über diese Art von Jazz-Fusion-Vokabular erfahren möchtest, dann lies Oz Noys eigenes Buch, das auch bei Fundamental Changes erschienen ist, *Inside-Outside Gitarrensolos*.

Beispiel 7p:

Zum Abschluss dieses Kapitels wird diese Etüde im Gambalestil über einen dorischen Begleit-Track gespielt und verbindet nahtlos Tonleitern und Arpeggios aus der Grundtonart C-Dur. Es ist auch ein großartiges Ausdauertraining.

Takt eins enthält Dm7- und FMaj9-Arpeggios, die an den in der Notation angegebenen Punkten beginnen. In Takt drei gibt es einen Lauf durch Dm7-, Em7- und FMaj7-Arpeggios.

Der gesamte fünfte Takt und die ersten beiden Noten des sechsten Taktes bestehen im Wesentlichen aus einem fünfsaitigen halbverminderten B-Arpeggio.

Das letzte Lick in den Takten sieben und acht besteht ausschließlich aus Noten eines Dm13-Arpeggios ohne die 11 (D, F, A, C, E, B).

Für noch mehr Arpeggio-Arbeit und -Anwendung verweise ich auf meine Bücher *Sweep-Picking-Speed-Strategien für Gitarre* und *Arpeggio-Gitarrensolo für Fortgeschrittene*.

Beispiel 7q:

Im nächsten Kapitel werden wir die Modi Harmonisch Moll und Phrygisch Dominant verwenden, um einige Shred-Gitarren-Licks und -Sequenzen zu kreieren.

Kapitel Acht: Fallstudie - Die Shredder

In der Welt des Gitarrenshreds der 80er Jahre gab es keinen größeren Namen als Yngwie J. Malmsteen - im wörtlichen und übertragenen Sinne! Der Schwede war in der Lage, in einer Sekunde so viele Töne'zu spielen wie die Buchstaben in seinem Namen, und er war bereit, seinen Platz in der Geschichte der Rockgitarre einzunehmen.

Ich habe ein ganzes Buch über Malmsteens Picking-System geschrieben (*Neoklassische Geschwindigkeits-Strategien für Gitarre*), aber in diesem Kapitel gebe ich dir einen Überblick über die Economy Picking-Aspekte seines Systems und wir werden sehen, wie es im Vergleich zu einigen anderen neoklassischen Shreddern abschneidet.

Zunächst einmal ist zu bemerken, dass Malmsteen das Economy Picking nur in aufsteigender Richtung einsetzt. Sein Plektrum wird fast ausschließlich in abwärts gerichteter Orientierung gehalten.

Zu Beginn dieser Studie spielen wir in den Takten eins und drei einen aufsteigenden A-Moll-Tonleiterlauf, der sowohl die kleine als auch die große Septime enthält, um eine Mischung aus natürlicher und harmonischer Moll-Tonleiter zu bilden. Über einem E7-Akkord gespielt, entsteht eine phrygische Dominant-Tonalität.

Im vierten Takt wird ein absteigender Lauf mit einer geraden Anzahl von Noten pro Saite und Alternate Picking gespielt, so dass genau wie im aufsteigenden Teil neue Saiten auf Abschlägen beginnen.

Beispiel 8a:

Beispiel 8b packt zusätzliche Noten in die Takte, um ein Gefühl von Eile zu erzeugen.

Aus Gründen des Spielflusses und auch aus strategischen Gründen verwendet Malmsteen Pull-Offs, um Noten in absteigenden Abschnitten zu spielen, die mathematisch gesehen keine Aufwärtsschläge ergeben, so dass die absteigenden Linien eine Kombination aus Alternate Picking und Legato sind.

Um das Timing des Licks zu verstehen, sollte man alles in Ruhe üben und dann versuchen, den 9. Bund auf der B-Saite als Landepunkt für Takt zwei anzusteuern. Malmsteen verwendete diesen Ansatz oft, mit verblüffender Wirkung.

Beispiel 8b:

Für Positionswechsel in Patterns mit drei Noten pro Saite lässt Malmsteen routinemäßig eine Note aus potenziellen Sechsergruppen aus, um sicherzustellen, dass die nächste Gruppe auf einem Abschlag beginnt.

In Beispiel 8c beginnt der erste Takt mit einem A-Moll-Tonleiterlauf mit drei Noten auf der E-Saite und zwei auf der A-Saite. Indem er den 8. Bund der A-Saite in Takt 1 überspringt, kann Malmsteen in Takt 2 zu einem längeren aufsteigenden Lauf mit jeweils drei Noten auf der tiefen E-, A- und D-Saite übergehen.

Jedes Mal, wenn das Plektrum bei einem Abschlag zu einer tieferen Saite zurückkehren muss, wird die Bewegung mit einer Fünf-Ton-Gruppe vorbereitet.

Beispiel 8c:

Beispiel 8d enthält ein diagonales E-Phrygisch-Dominant-Muster, das auf die mittlere Saite jeder Gruppe auf dem vierten Schlag der Takte eins, zwei und drei zurückkehrt.

Durch die Verwendung von Outside Picking zum Zurückkehren von der höchsten Saite in jedem Satz wird sichergestellt, dass jede Saite mit einem Abschlag beginnt, während sich die Sequenz Takt für Takt nach oben arbeitet.

Beispiel 8d:

Malmsteen verwendet auch Siebenergruppen, um Positionsverschiebungen zu unterstützen, wie das nächste Beispiel zeigt.

Beim Economy-Picking durch aufsteigende Saitenpaare wird eine Positionsverschiebung und Outside Picking verwendet, um ein sich wiederholendes Muster zu erzeugen, das auf jedem Saitenpaar funktioniert.

Im ersten Takt, Schlag 4, und im zweiten Takt, Schlag 1, hält das Drei-Noten-pro-Saite-Muster die Greifhand in einer Position, bis eine weitere Positionsverschiebung im zweiten Takt erfolgt.

Beispiel 8e:

Auch der New Yorker Joe Stump ist für seinen feurigen neoklassischen Shred-Stil bekannt. Stark von Malmsteen beeinflusst (zusammen mit Ritchie Blackmore und Uli Jon Roth), verwendet Stump ähnliche melodische Mittel wie Malmsteen, jedoch mit einigen mechanischen Unterschieden.

Im Gegensatz zu Malmsteen wechselt Stump zwischen den Saiten oft mit Inside Picking die Richtung, wenn nötig.

Beispiel 8f beginnt mit einer „absteigenden Dreier"-Sequenz innerhalb eines A-Moll-Dreiklangs, wobei zwischen den Saiten von Aufschlägen zurück zu Abschlägen gewechselt wird und der Plektrumwinkel passend zu den absteigenden Doppelaufschlägen verändert wird. In Takt zwei wird ein aufsteigender hybrider A-Moll-Tonleiterlauf mit Economy Picking gespielt, den auch Malmsteen so hätte spielen können.

In den Takten drei und vier wird das Lick um eine diatonische Quarte nach oben transponiert, wobei nun ein D-Moll-Dreiklang und ein diatonischer dorischer Skalenlauf verwendet werden.

Beispiel 8f:

Bei Stumps Alternate Picking wechselt das Plektrum je nach Bedarf die Saiten nach Auf- oder Abschlägen.

Hier ist das Economy Picking für die aufsteigenden Läufe in den Takten zwei und drei reserviert, wodurch ein Gefühl der Dramatik entsteht, da die schnellen Läufe einen Kontrast zu den eher geradlinigen 1/8-Triolen in den Takten eins und zwei bilden.

Beispiel 8g:

George Bellas aus Chicago, eine Entdeckung des Shrapnel Records-Gründers Mike Varney, veröffentlicht seit den 1990er Jahren Alben mit komplexem neoklassischem Progressive Rock.

Bellas baut oft Zero-Escape-Manöver in seine Linien ein, um möglichst den direkten Weg zu nächsten Saiten zu nehmen. Eines dieser Mittel ist etwas, das ich in dem Buch „*Sweep-Picking-Speed-Strategien*" als „*Double Turnarounds*" bezeichnet habe.

Bei Double Turnarounds wird dieselbe Note zweimal am Ende einer Richtung und am Anfang der nächsten verwendet. Die nächsten drei Beispiele demonstrieren diesen Ansatz, indem sie von zwei Saiten auf vier Saiten übergehen.

Beispiel 8h:

Beispiel 8i:

Beispiel 8j:

Zweisaitige Double Turnarounds können sowohl technisch (weil die Richtung alle zwei Noten wechselt) als auch klanglich eine Herausforderung sein. Die verdoppelten Noten können deinen Ohren einen Streich spielen, wenn du aus dem Takt kommst.

Um das zweisaitige Konzept zu festigen, kommt hier eine Übung im Bellas-Stil, zunächst zwischen der E- und der B-Saite, dann zwischen der B- und der G-Saite.

Um das richtige Timing zu finden, betone den ersten Aufschlag in jedem Takt.

Beispiel 8k:

Bellas verwendet oft eine ungerade Anzahl von Noten pro Saite, um beim Spielen von Tonleitersequenzen die Vorteile des Economy Picking zu nutzen.

Hier ist ein phrygisch-dominanter Lauf in E, der über einen E7-Akkord gespielt wird. Die meisten Saiten enthalten sieben Noten, die jeweils mit Aufschlägen beim Abstieg und Abschlägen beim Aufstieg beginnen.

Beispiel 8l:

Die folgende Idee beginnt mit einer absteigenden E-Phrygisch-Dominant-Sequenz, die mit vielen Gambale-artigen Wendungen gespickt ist, während das Lick im Zickzack nach unten läuft. Auf der letzten 1/16-Note von Takt drei wechselt die Skala zu E-Mixolydisch-b6.

Beispiel 8m:

Beispiel 8n ist eine Etüde, die eine Mischung aus Two-Way- und One-Way-Economy-Picking enthält.

Diese Studie in A-Moll beginnt mit zwei Takten aufwärts gerichteter, absteigender Economy-Picking-Ideen, um dann in den Takten drei und vier zu einer Malmsteen-artigen Mischung aus aufwärts gerichtetem Economy-Picking und strategischem Legato zu wechseln.

In den Takten fünf und sechs werden zweisaitige Double-Turnaround-Licks im Bellas-Stil gespielt, bevor ab dem Ende von Takt sechs und bis zum siebten Takt zu einer von Malmsteen inspirierten Mischung aus aufsteigenden Fünf- und Sechs-Noten-Gruppen gewechselt wird.

Während im siebten Takt ein Broken-Economy-Picking auf der B- und der hohen E-Saite zum Einsatz kommt, wird im achten Takt ein Single-Stroke-Turnaround verwendet, wie er in den Picking-Ansätzen von Bellas und Gambale vorkommt.

Beispiel 8n:

In Kapitel Neun fassen wir die bisher behandelten Fertigkeiten und Anwendungen zusammen und besprechen, wie du mit diesen Konzepten deinen eigenen Stil entwickeln kannst.

Kapitel Neun: Entwicklung eines eigenen Stils

Es ist wichtig, sich in Erinnerung zu rufen, dass Economy Picking eine technische Herangehensweise an das Gitarrenspiel ist, kein Stil an sich. Es liegt also an dir, wie du es einsetzt, um deine musikalischen Ziele zu erreichen.

In diesem Kapitel nehme ich Ideen aus früheren Beispielen und setze sie in neue musikalische Kontexte und Stile um aufzuzeigen, wie eine Idee zu etwas Persönlichem und Originellem werden kann.

Inzwischen hast du wahrscheinlich ein gutes Gespür für deine Stärken im Economy Picking. Vielleicht hast du eine Vorliebe für One-Way-Economy-Picking wie Eric Johnson und Yngwie Malmsteen entwickelt, oder du hast dich mit einem Gambale-Ansatz für bidirektionales Economy-Picking entschieden.

Unabhängig davon, was du bevorzugst, kannst du dich auf die Beispiele in diesem Buch konzentrieren, die dir am meisten zusagen, und dann die Anzahl der Möglichkeiten maximieren, wie du sie angehen kannst.

Das „Transponieren" von Picking-Patterns auf neue Klänge und Positionen ist zum Beispiel eine großartige Möglichkeit, eine Idee, die ich in diesem Buch vermittelt habe, für dich einzigartig zu machen.

Das folgende Beispiel basiert auf dem Picking-Muster für Beispiel 3d, das ein aufsteigendes Fünf-Ton-Motiv durch ein phrygisches G#-Pattern führte.

Hier habe ich das Picking auf eine A-Ganztonleiter übertragen, die über einem übermässigen Akkord gespielt wird.

Beispiel 9a:

Was ist, wenn dir das Muster wirklich gefällt, du es aber über einem A-Blues-Shuffle verwenden möchtest? Kein Problem!

Nach zwei Takten mit Standard-Pentatonik-Ideen wird in Beispiel 9b dasselbe Picking-Muster an eine hybride Skalenform angepasst, die im Grunde eine A-Moll-Pentatonik mit zusätzlichen Noten aus dem dorischen Modus und einigen chromatischen Durchgangsnoten ist. Hier ersetzen 1/8-Triolen die 1/16-Noten.

Gleiche Mechanik - anderes musikalisches Ergebnis!

Beispiel 9b:

Das war sehr nützlich, also versuchen wir es mit einem anderen Picking-Muster.

Beispiel 3g basierte auf einem mixolydischen Muster in C. Ich kann die ersten beiden Takte dieser Sequenz umgestalten und ein aufsteigendes E-phrygisch-dominant Lick im gleichen Bereich des Halses spielen.

Beispiel 9c:

Dieses Beispiel hat die gleichen Noten und Anschläge wie Beispiel 5e, aber ein verändertes Zeitgefühl mit anderen Notengruppierungen.

Beispiel 9d:

Durch die Umwandlung des Eric Johnson „Fives"-Licks aus Beispiel 6a ist Beispiel 9e nun eine E-mixolydische pentatonische Idee, die sich für Dominant-Akkorde eignet.

Beispiel 9e:

Jetzt, wo du weißt, wie man Ideen in andere Skalen, Rhythmen und Taktarten umwandelt, kannst du auch nach Economy Picking-Ideen Ausschau halten, die ursprünglich nicht so gespielt wurden.

Dieses F#-Moll-Pentatonik-Lick habe ich vom ehemaligen Europe-Gitarristen Kee Marcello übernommen. Kee ist ein Alternate Picker und beginnt dieses Pattern mit einem Abschlag, aber mir ist aufgefallen, dass die Anordnung der Noten diese Linie zu einem perfekten Kandidaten für Economy Picking macht.

Beispiel 9f:

F#m

```
V ⊓ V V ⊓ V ⊓ V ⊓ V V ⊓ V    ⊓ V V ⊓ V ⊓ V V ⊓
T|--19--17--14--------------------------------------------------|
A|--------17--14--19--17--14------------------------------------|
B|----------------16--14--18--16--14----------------------------|
 |--------------------------16--14--19---16--14-----------------|
 |--------------------------------------------16--14--19--16--14-|
 |-----------------------------------------------------17--14----|
```

Da das so gut funktioniert hat, möchte ich es mit einigen diatonischen Mustern probieren. Hier ist es in F#-Mixolydisch (B-Dur).

Beispiel 9g:

F#7

```
V ⊓ V V ⊓ V ⊓ V V ⊓ V ⊓ V V ⊓ V    ⊓ V V ⊓ V ⊓ V V ⊓
T|--18--16--14--------------------------------------------------|
A|--------16--14--17--16--14------------------------------------|
B|----------------16--15--18--16--15----------------------------|
 |--------------------------16--14--18---16--14-----------------|
 |--------------------------------------------16--14--18--16--14-|
 |-----------------------------------------------------16--14----|
```

Der verstorbene Shawn Lane war ein weiterer sensationeller Alternate Picker, dessen Ideen ich auf das Economy Picking übertragen habe.

Dieses C-Moll-Pentatonik-Lick erkundet die Möglichkeiten, das Plektrum mit doppelten Aufschlägen auf die tieferen Saiten zurückführen.

Beispiel 9h:

Cm7

```
⊓ ⊓ V ⊓ V V ⊓ V ⊓ V V ⊓ V ⊓ V V    ⊓ V V V V ⊓
T|--------------------------------8--11-----8--11-------8-|
A|----------------------8--10--------8--10-----11-------11-|
B|------8--10--------8--10-----10-----------8--11---------|
 |--8--10-----10--------------------------------------------|
 |--11-------------------------------------------------------|
```

85

Ich habe die Idee weiterentwickelt, um meine eigenen stilistischen Optionen zu schaffen und das Picking-Muster auf Arpeggios wie diese Cm9-Form angewandt, die breitere Intervalle zulässt und einen größeren Bereich abdeckt.

Beispiel 9i:

Schau dir deine eigenen Licks und die Licks anderer an, um herauszufinden, wo sich neue Möglichkeiten für den Einsatz von Economy Picking ergeben könnten.

Bei der Umsetzung der Konzepte in diesem Buch auf deine eigenen Ideen solltest du die folgenden Punkte berücksichtigen:

- Wie ist der Aufbau des Licks? Wie viele Noten pro Saite gibt es? Wie ist das Picking-Muster? Etc.

- Wie ist der Klang des Licks? Was ist die aktuelle Tonalität? Wie kann man das Picking-Pattern auf eine neue Tonalität oder Skalenform übertragen?

- In welche Richtung gehen wir? Ist es möglich, das Lick umzukehren oder eine entgegengesetzte Version zu erstellen?

Denke groß und betrachte die Konzepte in diesem Buch als Samen, nicht als Bäume. Lasse sie wachsen und zu dem werden, was du möchtest!

Wenn du ausreichend forschst und experimentierst, kannst du praktisch jede Idee in deine eigene einzigartige Aussage verwandeln.

Schluss

Herzlichen Glückwunsch zum Abschluss eines weiteren anspruchsvollen Buches!

Wenn es dir so geht wie mir, dann geht es beim ersten Lesen eines Lehrbuchs in der Regel darum, zu sehen, was es mit dem Material auf sich hat, die Kapitel zu überfliegen, hier und da ein bisschen zu spielen und sich generell einen Überblick zu verschaffen, bevor die eigentliche Arbeit beginnt.

Wenn du dich in der gleichen Situation befindest, ist es nun an der Zeit, mit dem Eintauchen zu beginnen!

Mit dem Ziel vor Augen, eine individuelle, vielseitige Beherrschung des Economy Pickings aufzubauen, ist es an der Zeit, die angebotenen Fähigkeiten und Anwendungen zu vertiefen und zu verinnerlichen.

Während du jedes Kapitel überarbeitest und jede Lektion verinnerlichst, denke an mein Mantra: *Meistere die Fertigkeit, nicht das Lick.* Alles, was hier steht, soll dir helfen, ein kreatives Ziel zu erreichen, sei es die Mechanik des Economy Pickings oder die Integration von Tonleitern und Arpeggios. Konzentriere dich nicht so sehr darauf, einzelne Beispiele zu perfektionieren, die dich evtl. ausbremsen und daran hindern, weiterzukommen.

Du kannst vor- und zurückspringen oder drei oder vier ähnliche Übungen auf einmal durchführen.

Beim Fortschritt geht es nicht darum, auf die Erlaubnis zu warten, weiterzugehen, sondern darum, aus der aktuellen Situation auszubrechen und aus freien Stücken ... und manchmal auch radikal - neue Ebenen zu erreichen!

Bleibe hartnäckig und höre nicht auf, dich konstant zu steigern!

Chris Brooks

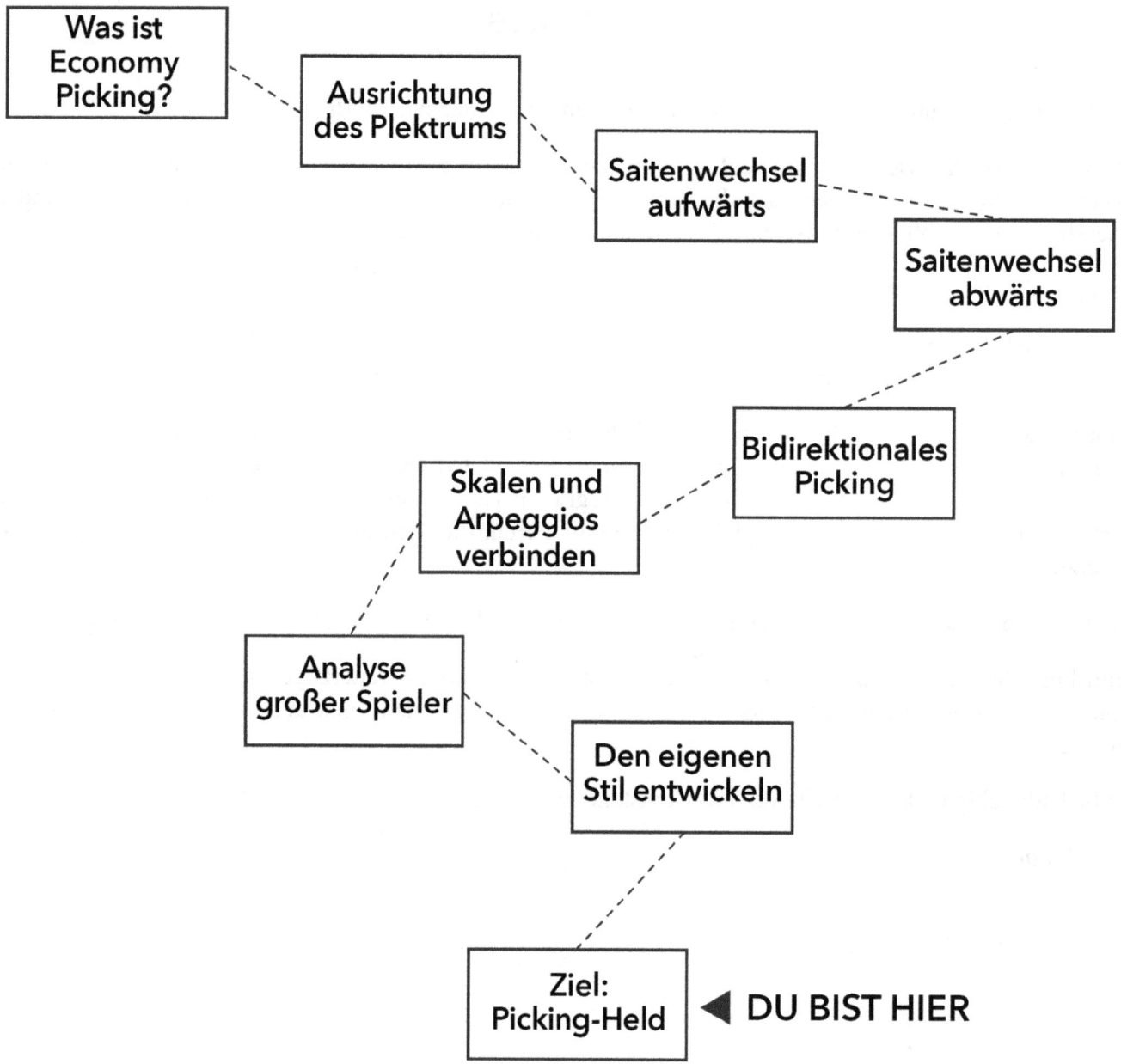

Was ist
Economy
Picking?

Ausrichtung
des Plektrums

Saitenwechsel
aufwärts

Saitenwechsel
abwärts

Bidirektionales
Picking

Skalen und
Arpeggios
verbinden

Analyse
großer Spieler

Den eigenen
Stil entwickeln

Ziel:
Picking-Held ◀ DU BIST HIER

Der Weg zur Picking-Meisterschaft

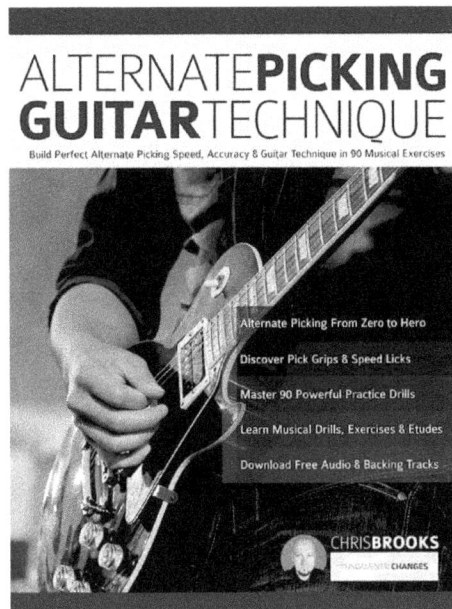

Die perfekte Ergänzung zu diesem Buch ist Chris Brooks' *Alternate Picking für Gitarre*.

Alternate Picking für Gitarre ist ein kompletter Leitfaden mit sinnvollen Einheiten, die dich zum perfekten Picker machen werden, vom Anfänger bis zum Gitarrenhelden, und enthält exakt die Schritte, die der virtuose Rockgitarrist Chris Brooks verwendet hat, um seine eigene unglaubliche Technik zu entwickeln.

Diese vollständige Methode bringt dir anhand von mehr als 90 Übungen und Musikbeispielen alles bei, vom Aufbau eines soliden Fundaments bis hin zur Performance brillanter, musikalischer Etüden. Alles wird Schritt für Schritt erklärt, und du wirst schnell jeden Aspekt dieser wichtigen Gitarrentechnik beherrschen.

Die perfekte Methode, um das Alternate Picking auf der Gitarre zu verbessern

Jedes Kapitel konzentriert sich auf jeweils einen wesentlichen Aspekt der Alternate Picking Technik und ihre Anwendung... mit vielen Licks und Übungen, um jedes Konzept zu festigen.

Du lernst:

- Grundlegende Plektrumgriffe und -bewegungen – der Motor der größten Spieler

- Aufbau von Einzelsaiten-Picking und Sequenzen, um ein solides technisches Fundament zu schaffen

- Wie man die Saiten richtig wechselt und vermeidet, dass das Plektrum „eingeklemmt" wird

- Pentatonische und diatonische Picking-Licks für alle Saiten, um Geschwindigkeit und Spielfluss zu verbessern

- Wichtige Unabhängigkeits- und Synchronisationsübungen für die ultimative Kontrolle

- Grundlegende Tonleitersequenzen zum Aufbau deiner musikalischen Technik

- Musikalische Etüden, die wichtige Konzepte musikalisch umsetzen und Spaß machen

- Über 90 effektive Beispiele, die mit der Entwicklung deiner Fähigkeiten fortschreiten

www.ingramcontent.com/pod-product-compliance
Lightning Source LLC
Chambersburg PA
CBHW081436090426

42740CB00017B/3330